U0057783

聰明的孩子‧資優的教學

「開發智能‧解決問題」教學設計

郭靜姿　主編

主編者介紹

郭靜姿

　　國立臺灣師範大學教育研究所博士，現任國立臺灣師範大學特殊教育學系教授、中華資優教育學會理事長、世界資優兒童協會亞太聯盟前任會長，曾任國立臺灣師範大學特殊教育中心主任、中華民國特殊教育學會理事、世界資優兒童協會國家代表、台北市資優發展協會理事、師大附中輔導室教師、仁愛國中輔導室特教組長。專長為資優兒童心理與教育、資優教育課程發展與評鑑、特殊兒童認知與學習和資優兒童教育診斷。主持國科會計畫「學前資優幼兒多元智能與問題解決能力之充實教學研究」方案四年。

序

學前是個體認知與社會情意發展的關鍵期，故而學前教育品質如何，素來受到教育工作者及家長的關切。然而，環顧國內有關學前機構或學校單位在推動特殊兒童早期教育工作時，不難發現資優幼兒的早期培育問題並未受到重視，因此，在資優教育推動將近四十年後，我們僅提供幼兒「提早入學」的管道，並未給予其他特殊教育的服務。常接到家長反應幼兒在幼稚園中覺得課程無聊、無趣、不喜歡上學。學前日常教育若未提供資優幼兒適當的課程與教材，幼兒上課會覺得無趣、無味，若因精力旺盛、調皮搗蛋，不能配合常規要求，幼兒也會被教師誤以為有注意力缺陷或過動的問題。

編者自 2003-2006 年在臺灣師大開辦「學前資優幼兒多元智能與問題解決能力之充實教學研究」方案，提供資優（兼含障礙資優）幼兒充實學習的機會。該方案之教學目標以結合多元智能教學及問題解決能力培訓為主，參考美國知名資優教育學者——亞利桑納大學教授 June Maker 所倡導之 DISCOVER 教學模式做為課程設計的基礎。2003-2004 年方案進行之初，June Maker 博士多次來台介紹 DISCOVER 概念及協助師資培訓工作，並擔任本方案的顧問。

多元智能教學的目的是在發掘幼兒優勢智能，提供才能發展機會，並以多元智能教與學的方法提高幼兒學習動機；問題解決能力培訓目的是在提供幼兒解決不同類型（封閉性→開放性；邏輯性→創造性）問題的機會，藉以提高幼兒思考能力。在課程內容上，本方案核心目標在培養六個概念：⑴關係，⑵類型，⑶變化，⑷個別性，⑸循環，⑹環境。此六個概念係

參考 June Maker 在其他國家實施 DISCOVER 計畫時調查學前教師的意見所決定，並經過本方案任課教師之討論，同意以此六個概念為教學核心目標。另外，結合主題方式進行各智能領域及各科目間之統整教學，六個單元主題為：⑴形形色色，⑵你我他，⑶成長，⑷節慶，⑸四季，以及⑹家庭。

問題解決是 DISCOVER 課程模式的主要成分，也是評量和課程設計的基礎。DISCOVER 以問題的結構性、解決問題的方法及答案的開放性做為問題分類的依據，將問題分為五種類型：Type Ⅰ、Type Ⅱ、Type Ⅲ、Type Ⅳ及 Type Ⅴ。就問題結構而言，Type Ⅰ是高度結構且封閉的問題；Type Ⅴ是完全開放且複雜的問題。就解決問題的方法而言，要解決 Type Ⅰ 的問題只有一種途徑，但 Type Ⅴ 的問題卻有多種解決途徑，學生必須思考哪一種途徑是又快、又好、又適當的，這將有助於發展學生的批判思考技巧。就答案的開放性而言，Type Ⅰ只有一個標準答案，Type Ⅴ卻有多個答案，甚至沒有答案，通常要在非常主觀的情形下，Type Ⅴ才有「對」的答案。依據 DISCOVER 的設計，五種類型問題是評量和課程設計的基礎。五種類型舉例說明如下：

Type Ⅰ：問題是簡單、封閉的，提問者和解決者都知道問題和途徑，但最後答案要解決者找出。（例如，3+4 ＝？問題清楚，是一加法運算，答案只有一個──7。）

Type Ⅱ：問題是簡單、封閉的，提問者知道問題、途徑和解決方法，但解決者只知道問題。（例如，餅乾罐裡有 10 片餅乾，你吃了 2 片，罐裡還有幾片餅乾？問題清楚，解決者需要知道這是減法，最後的答案也只有一個──8。）

Type Ⅲ：問題是已知的，但更為開放、複雜，可能有多種正確途徑和解決方法，提問者曉得途徑和方法，但解決者需自行探索。（例如，用 3、5、2 等三個數字寫出正確的運算等式，寫得越多越好。）

Type Ⅳ：問題已知，可是提問者和解決者都不知道解決途徑和方法。（例如，你要到溪流的另一頭，你認為最好的方法是哪一種？）這類型問題有一個清楚的目標，但未必有一個正確的答案，解決者需要蒐集大量訊息，並分析可能的途徑和方法。

Type Ⅴ：對提問者和解決者而言，問題、解決途徑和方法都未被清楚定義，而且問

題是開放、複雜的。（例如，人類面臨最嚴重的問題是什麼？該怎麼應對？）先有特定的問題，才能評估途徑和方法的可行性，過程中容許開放地解釋，最後的結果也因提問者、解決者的觀點、先見、分析、目的而有不同的答案。

由於「學前資優幼兒多元智能與問題解決能力之充實教學研究」方案四年間教學活動深受幼兒喜愛，也獲得家長正向的回饋，編者乃策畫將所發展的教材出版成冊，以茲推廣運用。本書訂名為：《聰明的孩子‧資優的教學：「開發智能‧解決問題」教學設計》，內容包含DISCOVER、團體活動、專長發展、自我選擇角落學習四大面向之課程設計。在學習領域上涵蓋：語文、數學、自然、美術、音樂及身體動覺六大領域（人際智能及內省智能已融入各領域學習）的教材。本教材適用於實足年齡四歲至六歲，但心智能力接近六歲至八歲的資優幼兒，因此這份教材雖然運用於資優幼兒之充實教學，然亦適用於小學低年級普通班的教學。

本書在課程設計上雖借重 DISCOVER 的精神，但所有教材均出自本土研發，由本方案之研究人員及教學人員共同構思設計。DISCOVER 課程任課教師含：市立教育大學吳淑敏助理教授、南投高中簡維君老師、台北市關渡國小資優班林妙華老師、台北縣埔墘國小資優班黃珮琇老師、台北市士東國小資優班黃楷茹老師、台北市仁愛國小資優班楊翠凌老師；數學專長發展課程任課教師含：光復國小特教班王雅奇老師、民生國小資優班陳靜芝老師；自然專長發展課程任課教師含：市立教育大學吳淑敏助理教授、光復國小特教班王雅奇老師；語文專長發展課程任課教師含：台北市重慶國中語文資優班林怜秀老師（已退休）、成功高中特教組長任恩儀老師、台北市關渡國小資優班林妙華老師；音樂專長發展課程任課教師含：臺灣師大音樂系吳舜文副教授、古亭國小音樂資優班郭文青老師、古亭國小音樂資優班江貞慧老師、台北縣碧華國小音樂資優班何淑貞老師（已退休）、台北縣碧華國小音樂資優班周芳惠老師（已退休）；美術專長發展課程任課教師含：台北市關渡國小美術科吳昌昇老師、士東國小資優班游健弘老師；身體動覺專長發展課程及團體活動課程任課教師含：台北縣昌平國小舞蹈科夏淑琴老師、臺灣師大資工所陳姿婷助教。在此，編者特別感謝全體教師在費心教學外，能運用課餘時間進行教材編寫工作。不過本書各單元教材在四年間經由四屆教學人員運用後多次修改，

因此每篇教材均屬多位教師集體累積的智慧結晶，並非僅出自一人之手。

本書在課程內容及教學方法上，以語文、邏輯數學、自然觀察、視覺空間、音樂、身體動覺六大領域，融入人際及內省八大智能之教學方式。在所提供的幼兒作品範例中，讀者可以發現四歲至六歲幼兒超越同齡的知識概念、問題解決能力及豐富的創意。我們由幼兒的童言童語可以窺見資優特質，由幼兒的多采畫作可以發掘優勢才能，對於有興趣進行多元智能教學的老師及熱切期望發掘孩子優勢智能的家長，本書的活動設計可提供設計多元智能探索經驗，培育問題解決能力的基礎。作者堅信在學習後，幼兒的智能發展及問題解決能力能夠有效提升。

「學前資優幼兒多元智能與問題解決能力之充實教學研究」方案在實施的四年期間，編者忝為計畫主持人，十分感謝臺灣師大特殊教育中心蘇芳柳副研究員、吳淑敏助理研究員、胡純講師級研究員、陳秀芬講師級研究員、本案專任助理林燁虹小姐及特教中心其他助理人員陳宛瑜小姐、蔡宛真小姐、黃玉蓮小姐、徐曉佩小姐、張宏源先生、王美慧小姐、袁慧芳小姐、張文妮小姐、高秀子女士、陳又菱小姐、陳首達先生等多位助理在方案經營上之多方協助，使教學工作得以順利進行。另外，臺灣師大特殊教育學系許多資優組研究生及大學部學生在計畫中擔任觀察人員，協助教學進行及資料蒐集工作，功不可沒，在此一併致謝！

「學前資優幼兒多元智能與問題解決能力之充實教學研究」得以執行，亦感謝行政院國科會科學教育處補助本計畫研究經費。本書得以完成，更感謝林燁虹小姐及心理出版社在資料彙整及文字校對工作上之協助，使本書得以順利付梓！在內容及文字上，本書倉促付梓，如有疏漏之處，敬請讀者不吝指正！

郭靜姿

國立臺灣師範大學特殊教育學系

2009 年 3 月

教學團隊

	姓名	服務單位	現職
研究人員	蘇芳柳	國立臺灣師範大學特殊教育中心	副研究員
研究人員／ DISCOVER／自然	吳淑敏	台北市立教育大學	助理教授
研究人員	胡純	國立臺灣師範大學特殊教育中心	講師級研究員
研究人員	陳秀芬	國立臺灣師範大學特殊教育中心	講師級研究員
專任助理	林燁虹	國立臺灣師範大學特殊教育學系	專案助理
DISCOVER	黃珮琇	台北縣埔墘國小	教師
	黃楷茹	台北市士東國小	教師
	楊翠凌	台北市仁愛國小	教師
	簡維君	南投縣南投高中	教師
DISCOVER／語文	林妙華	台北市關渡國小	教師
語文	林怜秀	台北市重慶國中	退休教師
	任恩儀	台北市成功高中	特教組長
數學	陳靜芝	台北市民生國小	教師
數學／自然	王雅奇	台北市光復國小	教師
美術／數學	游健弘	台北市士東國小	教師
美術	吳昌昇	台北市關渡國小	教師
身體動覺／ 團體活動	夏淑琴	台北縣昌平國小	教師
	陳姿婷	國立臺灣師範大學資工所	助教
音樂	吳舜文	國立臺灣師範大學音樂系	副教授
	何淑貞	台北縣碧華國小	退休教師
	周芳惠	台北縣碧華國小	退休教師
	江貞慧	台北市古亭國小	教師
	郭文青	台北市古亭國小	教師

家長的話

● 每個星期六就是孩子最期待的一天，每個主題都能引發孩子的好奇心與興趣，刺激孩子求知慾望和尚未開發的潛能，此方案讓大人小孩均受惠。

● 問題解決課程多元教法靈活，授課教師相當有經驗且能引發孩子動機，經由討論、發表、聆聽他人想法，實際觀察與操作讓孩子學習興趣濃厚，啟發思考培養問題解決的能力，連在旁觀察的家長都覺得受益匪淺，據此知悉教導孩子學習的正確方法。

● 在 DISOCVER 的課程中，孩子總是踴躍參與、積極嘗試，在陪伴孩子上課過程中，常有意外的發現～原來這麼小的孩子可以接受這麼多的東西！原來孩子們懂這麼多、這麼有創意和有自己的看法！

● 在視覺空間專長課程方面，老師引導小朋友欣賞梵谷、盧梭、馬蒂斯等畫作時，孩子專注聆聽、欣賞的神情，著實令家長驚訝！真的不能輕忽孩子學習潛能，藉由各式各樣的媒材，老師專業的引導，輕鬆愉快的氣氛，孩子無限的創作力能盡情發揮。

● 師大的上課方式給孩子更多創造和思考空間，從這裡讓我們了解何謂因材施教！

● 獻上無限的感謝與感恩，交給孩子探索這世上無限知識的鑰匙！

目 錄

Contents

壹 ──── DISCOVER

▶▶▶ 形形色色 ◀◀◀

課程目標

一、培養幼兒觀察環境中形形色色事物的能力。

二、讓幼兒學習運用所觀察到的事物表現多樣性的創作。

單元名稱	教學目標	教學內容設計	問題類型	多元智能教學方法	不同能力學生課程調整方式
漂亮的都市	一、引導學生注意環境中相同事物的多樣性外觀。	一、教師播放三～五組不同外觀的相同事物圖片（例：汽車、漢堡、眼鏡……每組三～五張），請學生回答看到的是什麼。（準備投影設備：手提電腦、單槍投影機或電視）	Type II：能說出圖片的內容。	自然觀察	對於視障學生可改以各種實物或模型呈現，或由協助的人員解釋圖片的內容給他聽。
		二、每組圖片播放完後，詢問學生圖片間的異同關係。	Type II：能說出圖片間的異同關係。	自然觀察	
	二、於創作中表現事物的多樣性外貌。	三、引導並歸納「相同事物可以具有多樣外觀」之概念後，請學生以陶土或色筆完成一組「長得不一樣的東西」。（準備免燒陶土	Type V：能以陶土或色筆完成一組「不一樣外觀的相同事物」。	視覺空間	

單元名稱	教學目標	教學內容設計	問題類型	多元智能教學方法	不同能力學生課程調整方式
漂亮的都市		、彩色筆、八開畫紙每生二張） 四、請學生設計一個「形形色色都市」。（都市裡每個東西都要有三種以上不同的外觀）	Type IV：能合作設計一個「形形色色的都市」。	視覺空間	

單元名稱	教學目標	教學內容設計	問題類型	多元智能教學方法	不同能力學生課程調整方式
猜猜我是什麼	一、觀察教師指定的物品並以身體動作加以模仿。	一、跟著教師做出特定的暖身動作。（準備時鐘、桌子、電扇、茶壺、杯子與其他物品）	Type Ⅰ：隨老師做出各個指定動作。	身體動覺	本活動對於身體動覺能力不同的學生均適合。能力佳的學生可鼓勵其自創動作及表演，能力弱的學生則鼓勵其模仿；對於視障學生，分組猜他人表演的事物雖有困難，但可與小組合作參與表演，增進其人際互動。
	二、以動作表演或模仿生活週遭的事物。	二、教師提示與強調物品與動作間型態上的轉化關聯，學生隨著教師的引導表演指定的物品。（茶壺、杯子⋯⋯）	Type Ⅱ：能隨著教師的引導表演指定的物品。	自然觀察身體動覺	
		三、請學生選擇一個教室內現有的物品並表演之。	Type Ⅲ：能選擇教室內的物品並表演之。	自然觀察身體動覺	
	三、分組設計與表演生活週遭的事物。	四、學生分組後（四人一組），表演幼稚園的遊樂器材，或馬路上常看到的東西。	Type Ⅳ：能表演幼稚園的遊樂器材或馬路上常看到的東西。	身體動覺人際	
		五、分組表演一個日常生活中常見的東西，讓其他組的同學一起猜猜看是什麼東西。	Type Ⅴ：能合作表演一組日常生活中常見的事物。	身體動覺人際	

單元名稱	教學目標	教學內容設計	問題類型	多元智能教學方法	不同能力學生課程調整方式
巧連智PART I	一、能了解三角形、方形的特性。	一、請你跟我這樣做。（準備七巧板、直尺） ㈠請學生拿出七巧板中的三角形，依教師的示範，用尺量三角形，並記錄三個邊的長度。 ㈡請學生拿出七巧板中的正方形，依教師的示範，用尺量正方形，並記錄四個邊的長度。 ㈢請學生發表測量三角形、正方形的發現，歸納三角形、正方形的特性。	Type I：能記錄三角形的長度。 Type I：能記錄正方形的長度。 Type II：能歸納三角形、正方形的特性。	邏輯數學 邏輯數學 語文內省	1.若學生還不會使用尺測量長度，則教師要先教會他們判讀尺上面的刻度及數字的意義。並向所有學生示範正確的使用方法，以減低測量誤差。
	二、能運用七巧板排出三角形、方形和菱形。	二、請學生運用七巧板的物件排出三角形。（大小不限） ㈠請學生上台排排看，看看有哪幾種不同排法，並請學生解釋所排三角形的原因。 ㈡老師解釋歸納玩七巧板的原則。	Type III：能說出所排三角形的原因。	語文內省	2.若學生排不出來，教師可給予提示或示範後請學生再試。

單元名稱	教學目標	教學內容設計	問題類型	多元智能教學方法	不同能力學生課程調整方式
巧連智PART I	三、能運用七巧板設計圖形。	三、運用七巧板排出特定圖形。 ㈠發給每位學生七巧板圖形紙數張，請學生依圖形排出。 ㈡請排得最快又正確的學生上台排圖形。 四、過關斬將。 老師設四個關卡，第一關請學生運用方塊排出指定圖形；第二關請學生運用三角形排出指定圖形；第三關請學生運用各種形狀排出指定圖形；第四關請學生運用四種顏色的積木排出有創意的交通工具。看誰最先過關。	Type Ⅲ：能用圖形紙排出圖形。 Type Ⅱ：能排出指定圖形。 Type Ⅲ：能運用各種形狀排出指定圖形。 Type Ⅳ：能用積木排出交通工具。	邏輯數學	3.適合各種不同能力的學生；學生可依自己的興趣與能力挑戰不同關卡。

單元名稱	教學目標	教學內容設計	問題類型	多元智能教學方法	不同能力學生課程調整方式
巧連智PART II	一、能了解 1/2、1/4 的概念。	一、猜猜是什麼？老師請一位學生上前，眼睛閉上，老師拿三角形請他摸一摸、猜一猜。	Type II：能用感官猜出四方形。 Type II：能用感官猜出三角形。	邏輯數學 邏輯數學	
		二、請學生觀察教室四周，有哪些東西是四方形、三角形，請學生發表。	Type III：能說出物品的形狀。	語文 內省	
		三、1/2 與 1/4。 (一)老師將一張完整的海報貼在黑板，告訴學生：老師現在要變魔術，請注意看喔！ (二)老師將兩張半張的海報組合成一張，再將其中一張拿開，請學生看這半張與原來整張的關係。告訴學生這就是一半，就是 1/2。學生能說出 1/2。 (三)老師將四張1/4的海報組合成一張，再將其中一張拿開，請學生看看，這一張與原來整張的關係。告訴學生這就是 1/4。	Type I：能了解 1/2、1/4 的概念。	邏輯數學	1.原本就已知道 1/2、1/4 概念的學生，可鼓勵其以不同的折法表現 1/2、1/4。

單元名稱	教學目標	教學內容設計	問題類型	多元智能教學方法	不同能力學生課程調整方式
巧連智PARTⅡ		㈣請學生用色紙折出 1/2 與 1/4，看看誰的折法與眾不同。請他上台說說看怎麼折。	TypeⅡ：能說出如何用色紙折出 1/2 與 1/4。	邏輯數學 語文 內省	
	二、能設計拼圖遊戲。	四、拼圖遊戲。 老師請學生選一張自己喜歡的色紙，將其剪或撕成六塊圖形，設計一拼圖遊戲。	TypeⅤ：能設計拼圖遊戲。	邏輯數學	2.能力好的學生可鼓勵設計多於六塊的拼圖，以增加難度。
	三、主動與兩個以上的幼兒交換拼圖。	五、能主動與兩個以上的幼兒交換拼圖，進行拼圖遊戲。		人際	

▶▶▶ 你我他 ◀◀◀

課 程 目 標

一、能了解人與人之間的關係，例如職業、情緒等對人的影響。

二、能了解人與環境、其他物種之間的關係。

單元名稱	教學目標	教學內容設計	問題類型	多元智能教學方法	不同能力學生課程調整方式
各行各業	一、連結各種職業與學生生活的關係。 二、培養學生的問題解決能力。	一、揭示不同職業的圖卡，依序請學生說出職業名以及分享自己對該職業的印象，以及該職業的工作內容。	Type I：能正確說出80%的職業。	語文	1.能力高者可以提出非圖卡上的職業。
		二、看著職業圖卡提問：「因為有 X XX，我們才能夠……？（如：因為有『老師』，我們才能得到許多新的知識）」	Type III：能清楚、合理地表達。	語文	2.針對視障學生，有一個協助教師從旁將老師揭示的圖告訴他。
		三、請學生表演所指定的職業。其他同學設法猜出來。	Type II：能大方表現各職業的特色。	人際 身體動覺	3.表演的部分可以請自閉症或學障學生多多表現。並將能力高低的學生交互編組。
		四、小組合作（三人一組）表演某一種職業。（例如	Type IV：能與組員同心協力想出題目並表演。	身體動覺	

單元名稱	教學目標	教學內容設計	問題類型	多元智能教學方法	不同能力學生課程調整方式
各行各業		有一人演病人，有一人演醫生，有一人演護士） 五、提問：「你覺得哪一種職業的人最偉大？為什麼？」 六、提問：「如果世界上沒有 XXX（某種職業的人），我們要怎麼辦？」	TypeⅣ：能清楚、合理地表達。 TypeⅤ：能知道各行各業對生活的影響及重要性。	人際 語文 語文 人際	

單元名稱	教學目標	教學內容設計	問題類型	多元智能教學方法	不同能力學生課程調整方式
情緒你我他	一、認知生活事件與情緒反應之間的關係。	一、呈現不同的表情圖卡，請學生說出該圖的情緒並分享其相關經驗。	TypeⅡ：能說出表情並分享經驗。	語文 內省	1.能力高者可以提出非圖卡上的表情，但要能說出該表情的意義。
		二、請學生表演出某種心情，由其他學生猜測。	TypeⅢ：能表演出恰當的表情。	人際 身體動覺	2.針對視障學生，有一個協助教師從旁將老師揭示的圖告訴他。
	二、連結情緒反應與行為表現之間的關係。	三、教師揭示不同的表情圖卡，提問：「當你……時（如：高興），你會怎麼做？」	TypeⅣ：能知道自己的情緒及處理的方式。	內省	
		四、教師揭示不同的表情圖卡，提問：「當好朋友做什麼事時，可能會使你有這樣的心情？」	TypeⅣ：能知道他人的情緒及處理的方式。	語文 人際	
	三、面對他人的情緒反應能有適當的行為表現。	五、提問：「當你看到你的好朋友……時（如：難過），你會怎麼做？」	TypeⅣ：能知道他人的情緒及處理的方式。	語文 人際	
		六、製作「我的心情小書」。	TypeⅤ：能有主題地創作「我的心情小書」。	視覺空間	3.製作心情小書的部分，準備紙黏土給視障學生，讓他以手捏的方式呈現自己的各種心情。

單元名稱	教學目標	教學內容設計	問題類型	多元智能教學方法	不同能力學生課程調整方式
動物相見歡	一、內省自己的特質，藉由與動物個性的連結表現出來。	一、揭示動物圖卡，請學生唸出該動物名並向學生提問：「這動物給你什麼感覺？」	Type I：能配合圖卡唸出動物名稱。	自然觀察語文	1.針對視障學生，有一個協助教師從旁將老師揭示的圖告訴他。
		二、講述一個與動物有關的故事。			
		三、提問：「故事中出現哪些動物？」「如果你也是故事中的動物，你會怎麼做？」	Type I：能說出故事中的動物有哪些。	語文內省	
		四、表演故事中動物的性情和動作。	Type III：能表演動物的性情和動作。	自然觀察身體動覺	
	二、省思自己的獨特性，並試著發揮特質，幫助他人。	五、請學生說出自己的個性和何種動物相似及其原因。	Type IV：能有條理地說出自己的個性和何種動物相似及其原因。	內省	
		六、在小組中以海報的方式重現故事內容。	Type V：能在小組中以海報的方式重現故事內容。	視覺空間人際	2.海報製作過程中，視障學生可以用專用的紙獨自創作。

單元名稱	教學目標	教學內容設計	問題類型	多元智能教學方法	不同能力學生課程調整方式
動物狂歡節	一、能了解動物的特徵並與人類生活做連結。	一、請學生說出動物園及日常生活中有哪些動物？老師將學生的答案寫在白板上。	TypeⅡ：能說出動物園及日常生活中有哪些動物。	自然觀察	視障學生的學習單可由教師協助填寫。
		二、能說出對動物的感覺。	TypeⅣ：能說出對動物的感覺。	內省	
		三、能模仿各種不同的動物。	TypeⅢ：能模仿各種不同的動物。	身體動覺	
		四、請學生將動物做分類。	TypeⅡ：能將動物做分類。	自然觀察	
		五、請學生選擇一種動物來扮演，並說出選此動物的理由。	TypeⅡ：能選擇一種動物來扮演，並說出選此動物的理由。	身體動覺 語文	
		六、請學生選擇扮演不同動物的同儕進行故事創作。	TypeⅢ：能選擇扮演不同動物的同儕進行故事創作。	人際	
	二、能省思自己的個性特徵，並尋找與自己互補的個性人物。	七、「你覺得自己的個性最像哪種動物？」教師發下學習單，請學生在上面圈選出動物名稱，並說出原因。	TypeⅣ：能在學習單上面圈選出動物名稱，並說出原因。	語文	
		八、教師揭示動物詞卡，請圈選該動物者出列，以自己的身分和動物的身分向大家打招呼。	TypeⅢ：能以自己的身分和動物的身分向大家打招呼。	身體動覺	

▶▶▶ 成長 ◀◀◀

課程目標

一、能了解種子的特質，並透過音樂和肢體表現種子的成長歷程。

二、能了解家庭的結構和循環。

三、讓學生認識水土保持的重要性。

四、能了解保護成長環境的方法並從日常生活做起。

單元名稱	教學目標	教學內容設計	問題類型	多元智能教學方法	不同能力學生課程調整方式
種子的成長故事	一、觀察各類種子的特性。 二、透過種子的排列知曉正方形與長方形的概念。	一、（準備各類種子）有哪些種子？老師介紹各類種子，例如玉米、紅豆、綠豆、花生……，請學生觀察這些種子有何相似或相異之處。 ㈠請學生發表，老師綜合歸納之。 ㈡數一數各類種子各有幾顆。 二、（準備八開圖畫紙、膠水、各類種子）排排看。 ㈠老師用四、六顆花生排正方形和長方形，請學生	Type II：能觀察出不同種子的差異。 Type I：能正確地數出種子有幾顆。	自然觀察 邏輯數學	

單元名稱	教學目標	教學內容設計	問題類型	多元智能教學方法	不同能力學生課程調整方式
種子的成長故事	三、了解種子的生長歷程。	自己排排看。 ㈠給學生花生、紅豆、花豆、玉米等種子各數十顆，請學生自己排排看，可以排出什麼形狀，並黏在圖畫紙上。 ㈢將大家的作品公布在黑板，請學生欣賞各人創作的作品。 三、種子的成長過程。 ㈠老師透過圖片介紹種子的生長過程。 ㈡請同學發表曾觀察過種子的生長過程。	TypeⅤ：能明瞭種子生長的環境。 TypeⅢ：能透過圖片觀察種子的生長過程。	語文 語文	
	四、能運用音樂、肢體表現種子的生長歷程。	四、二～三人為一組，用聲音和肢體表現出種子發芽、開花和結果的樣子。	TypeⅣ：以聲音表現出種子發芽、生長的過程。	自然觀察身體動覺	
		五、（準備八開圖畫紙、彩色筆）請學生選出想種植的種子，並畫出種子的生長過程。	TypeⅤ：能明瞭種子生長的環境。	視覺空間	

單元名稱	教學目標	教學內容設計	問題類型	多元智能教學方法	不同能力學生課程調整方式
我的家庭	一、了解家庭的結構。 二、透過家庭相簿了解人的成長。	一、請學生攜帶自己的家庭相簿，四～五人為一組互相介紹家庭成員。	Type IV：能介紹自己的家庭相簿給組員知曉。	語文	
		二、請學生比較看看每組家庭成員是否有所不同，並說說不同之處。	Type III：能比較每組家庭的不同之處。	自然觀察 語文	
		三、算算看小組中家庭成員的總和。	Type II：能計算出小組成員家庭人口的總和。	邏輯數學	
		四、年齡遊戲。 你知道爸爸和媽媽的年齡嗎？他們的年齡加起來是多少？ （請準備有關家庭的書籍、錄音機、樂器）	Type I：能正確地算出父母年齡總和。	邏輯數學	
		五、最喜歡的相片。選出你最喜歡的相片，在小組中分享。	Type II：能在小組中分享最喜歡的照片。	語文 內省	
	三、透過家庭相簿了解家庭的循環。	六、老師說明家庭的歷史和循環，教唱「甜蜜的家庭」。	Type IV：朗誦「甜蜜的家庭」時，並用樂器伴奏。	音樂	
		七、請幼兒畫出十歲、二十歲時想做的事。	Type V：能畫出十歲、二十歲時想做的事。	視覺空間	

單元名稱	教學目標	教學內容設計	問題類型	多元智能教學方法	不同能力學生課程調整方式
保護我們成長的環境	一、讓學生了解水／土／草／樹對人類的好處與重要性。	（準備錄影帶「王老先生有塊地」或其他有關水土保持的影片） 一、討論水／土／草／樹對我們的好處。 二、請學生觀察影片「王老先生有塊地」。看完影片後討論水土保持的重要性、未做好水土保持可能帶來的災害等。（準備同樣容量的瓶子、量杯或量桶、一桶乾淨的水、泥土、石頭、碎石子、馬錶；瓶子底下打相同數量與大小的洞，讓水可以流出。可另外準備大的塑膠盒，實驗時就在塑膠盒內操作，方便實驗後收拾）	TypeⅢ：能說出水／土對人類的好處及水土保持的重要性。 TypeⅢ：能說出水／土對人類的好處及水土保持的重要性。	自然觀察語文 自然觀察語文內省	

單元名稱	教學目標	教學內容設計	問題類型	多元智能教學方法	不同能力學生課程調整方式
保護我們成長的環境	二、讓學生了解水在不同的介質滲透情形不同。	三、請學生將相同容量的水倒於不同的介質，例如：分別裝著泥土、碎石子、大石頭的瓶子，並比較水在哪一種介質中滲透最快。	Type II：比較水在泥土及不同顆粒大小石頭的滲透情形。	自然觀察邏輯數學人際	1.測量能力好的學生可負責量水量，使水量控制一樣。
		四、二人一組，一人飾演泥土，一人飾演水，以肢體動作表現雨水（洪水）沖刷泥土的情形。		身體動覺	
	三、如何愛護及善用山／森林／水。	五、戶外教學：參觀木柵水土保持教室。		自然觀察人際	2.一般學生參觀後依教師指定創作圖畫書，能力好的學生可選擇運用各種形式、材料表達如何保護成長的環境。
		六、製作圖畫書。（準備色紙、彩色筆、彩虹筆、刀片、剪刀、膠水、黏土、圖畫紙等各種材料；參考漢聲媽媽手冊20，14-15 頁） ㈠依照老師的示範製作書頁型的圖畫書。		視覺空間	
		㈡將觀察水土保持教室的過程、心得，做為創作圖畫書的題材。	Type IV：以水土保持之旅為題，用各種型式表現創作圖畫書。	視覺空間內省自然觀察	

單元名稱	教學目標	教學內容設計	問題類型	多元智能教學方法	不同能力學生課程調整方式
保護我們成長的環境		㈢運用各種形式、材料表達如何保護我們成長的環境。	Type V：運用各種形式及材料表達如何保護我們成長環境。	視覺空間 語文 邏輯數學	

教 學 建 議

　本單元一至四的活動需二小時；參觀水土保持教室約二小時，加上車程約需半天；製作圖畫書及創作亦需二小時。

▶▶▶ **期中評量** ◀◀◀

單元名稱	教學目標	教學內容設計	問題類型	多元智能教學方法	不同能力學生課程調整方式
童話玩具	一、了解物體組成的形狀與顏色。	一、請學生選一樣自己喜歡的東西加以介紹，並說出該物具有哪些形狀？	Type I：能說出物品的形狀。	語文	
		二、請學生說出該物具有哪些顏色。	Type I：能說出物品的顏色。	語文	
	二、能用空間概念以簡單線條呈現實物。	三、請學生在白紙上畫出該物的輪廓外型。	Type II：能描繪出物品的輪廓外型。	視覺空間	1.視障學生可用專用的紙進行描繪。
	三、能將物品做適當的分類。	四、請學生將面前的圖形做適當的分類。（至少有三種分類方式）	Type III：能將圖形做適當分類。	邏輯數學	2.記錄學生不同的分類方式。
	四、能以現有物品創作並說明創作理由。	五、請學生利用大小、顏色、形狀不同的圖形，拼出一個他喜歡的物品，並為該物品命名。	Type IV：利用不同的圖形，拼出物品。	視覺空間	
			Type IV：能為創作的物品命名。	語文	
		六、請學生將自己擬化為該物品，並推銷、介紹給全班。（要說出特色、優點等等）	Type V：能擬化為物品，並推銷、介紹該物品。	語文	3.對不同能力的學生可以有不同的要求。

▶▶▶ 四季 ◀◀◀

課程目標

一、讓學生了解四季的特色和變化。

二、透過創作、肢體和語文的表達，增加對四季的了解。

單元名稱	教學目標	教學內容設計	問題類型	多元智能教學方法	不同能力學生課程調整方式
四季與我	一、了解四季及其變化。	一、請學生說出四季的名稱。	Type I：能說出四季的名稱。	自然觀察語文	1.視障學生可由協助人員了解圖片之內容。
	二、了解四季的不同植物。	二、展示台灣四季中的各種植物讓學生辨認。	Type II：能認識四季中的台灣植物。	自然觀察	
		三、請學生說出四季的特色，可以是物品、景物，以及任何可以說出理由的特色。	Type III：能辨別四季的特色。	自然觀察語文	
	三、認識四季的詩歌。	四、展示四首詩歌，讓學生判別各屬於何種季節。並能全班一起朗誦。	Type II：能唸出春天的詩歌。	語文	2.協同教學者可以協助學生。
	四、了解四季在大自然中的變化，並運用空間概念完成拼圖。	五、將全班分成三組，每組給予「春、夏、秋、冬」各四幅風景圖片的拼圖（四幅圖	Type III：能正確快速地完成四季風光景色的拼圖。	視覺空間	3.學生的感受不同，不一定要公布正確答案。

開發智能‧解決問題

單元名稱	教學目標	教學內容設計	問題類型	多元智能教學方法	不同能力學生課程調整方式
四季與我		的圖塊是混在一起的），讓學生在不限時的狀況下正確地完成四季風光景色的拼圖。			
		六、播放韋瓦第「四季交響曲」的各樂章，先讓學生各聽一次，再讓學生判別其屬於哪一個季節的音樂，並說出理由。	TypeIV：能辨識「四季交響曲」的樂章。	音樂語文	
	五、運用四季來做比喻並創作屬於自己的季節。	七、以四季比喻自己並說給全班聽。	TypeV：能以四季比喻自己。	內省語文	
		八、個人創作，以色紙撕畫表現出四季的感覺。	TypeV：能以色紙撕畫表現出四季的感覺。	自然觀察視覺空間	

單元名稱	教學目標	教學內容設計	問題類型	多元智能教學方法	不同能力學生課程調整方式
風兒吹吹	一、了解風的各種變化。	一、教師將風速等級的圖發給學生，請學生連連看，之後介紹風速的等級。	TypeⅠ：能將風速做正確的配對。	邏輯數學	1.請視障學生發表各種風速的變化。
	二、能運用肢體表演各種景色。	二、教師請學生用腳畫出一個圓，變成一個屬於自己的魔術圈。然後，運用肢體在魔術圈內伸展，表現出教師陳述的各種景色。	TypeⅢ：能以肢體展現各種風的變化。	身體動覺	
		三、教師呈現各種季節景色的圖片，並準備各種道具，告訴同學可以用來表演。	TypeⅣ：能運用道具表達四季。	身體動覺	
	三、能運用吸管吹畫創作。	四、教師示範運用吸管吹畫的作法，讓學生練習體驗吹氣力道的不同會影響吹畫的效果。然後分組，請學生以「風的變化」為題共同創作一幅畫。	TypeⅤ：以「風的變化」為題創作一幅吹畫。	視覺空間	2.請視障學生描述想創作的情景，再由同組同學創作。

▶▶▶ **節慶** ◀◀◀

課程目標

一、認識一年中的重要節慶。

二、運用多元方式表現及創造節慶的意義。

三、透過團體分享與溝通，培養人際互動的能力。

單元名稱	教學目標	教學內容設計	問題類型	多元智能教學方法	不同能力學生課程調整方式
節慶歷險記	一、能分辨節慶的習俗。 二、能了解重要節慶的時間及慶祝方式。	一、節慶歷險記。 （準備一張海報，區分出十二個月份）製作節慶歷險圖，請全班共同歷險。 ㈠利用各種感官猜一猜該物品所代表的是什麼節慶，並指出該節慶的時間。（準備節慶的代表形象或物品，並利用各種感官呈現給幼兒，例如：香包、鞭炮聲、划龍舟圖片） ㈡每到一站，請學生發表此節日的由來以及慶祝方式，再由老師補充。各站以此類	Type Ⅰ：能透過感官觀察、辨別不同節日。 Type Ⅲ：說出重要節慶的慶祝方式或故事。	自然觀察 語文	1.配合視障學生，若是用視覺的呈現方式則輔以口語形容。

單元名稱	教學目標	教學內容設計	問題類型	多元智能教學方法	不同能力學生課程調整方式
節慶歷險記	三、能利用媒材製作或畫出節慶的代表習俗或物品。	推。（請學生記下每一站節日的特色） 二、節慶大會串。 　（準備每人一張白色厚紙板，以及小組共同使用的黏土、色紙、棉線、彩色筆等） ㈠以小組為單位，選擇一種節慶。個人自由選用各種媒材製作節慶代表的東西，如：春節：春聯、紅包、年夜飯。端午節：粽子、龍舟。中秋節：月餅、柚子等。 ㈡分享製作方法及歷程。 ㈢將相同節日的物品集合在一起，利用故事接龍的方式完成一個節慶故事。	TypeⅣ：能利用黏土製作代表指定節慶的習俗、物品或節慶的象徵意義。	視覺空間 內省 語文	
	四、能分享自己喜愛的節日及理由。	三、我最喜歡的節慶。 　（準備一些有顏色的圓形小標籤） ㈠請學生分享自己最喜愛的節慶，並說出喜愛的理由。		內省	2.替視障學生準備一份個別的統計表，在聽完學生分享後將標籤貼在節日的位置，最後一起計數。

開發智能・解決問題

單元名稱	教學目標	教學內容設計	問題類型	多元智能教學方法	不同能力學生課程調整方式
節慶歷險記	五、能讀出簡易的統計圖表之意義。 六、能創造一個特別的節日、訂出慶祝方式。	㈡然後將代表自己的小標籤貼在白板上的歷險圖旁。 ㈢一同計算小標籤，統計出最受學生歡迎的節慶。 四、我的節慶日。 ㈠分享一年中其他節日的故事，包括國內及國外的節日，如：母親節、萬聖節等。 ㈡請學生創造一個特殊的節日，創造的理由，以及慶祝或表現的方式。例如：訂一個「微笑節」，當天每個人都要從早微笑到晚，並且加在歷險圖上。	TypeⅣ：能建立以節慶為主題，感官為向度的概念圖。 TypeⅣ：透過觀察歸納發現節慶的共同特徵。 TypeⅡ：能讀出統計圖表的意義。 TypeⅣ：能決定統計的方式。	邏輯數學 語文	

單元名稱	教學目標	教學內容設計	問題類型	多元智能教學方法	不同能力學生課程調整方式
我的生肖	一、能知道十二生肖的由來和生肖特性。	一、認識生肖。 (一)幼兒輪流上台抽生肖圖卡，利用比手劃腳（加上動物叫聲）的方式，讓其他幼兒猜生肖。（準備生肖圖卡） (二)老師講述十二生肖的故事，提問請幼兒回答。 (三)請幼兒選擇自己喜愛的動物為生肖（不需限定在既有的十二生肖內）並說明選擇的理由，老師記錄在黑板上。	Type V：能用肢體表現出十二生肖的動物特徵。 TypeIV：能根據線索進行猜測。 Type I：能依據故事內容說明生肖的由來。 TypeIII：選擇自己的生肖並說出象徵意義。	身體動覺 語文 內省 語文 語文	配合視障學生，請上台的幼兒加上動物的叫聲。
	二、能接續發展邏輯性的故事內容。	二、生肖故事創作。以自己選擇的生肖為關鍵語句，共同創作生肖故事。			
	三、能製作生肖面具。	三、生肖面具。利用彩色筆、粉蠟筆等製作自己的生肖面具。（準備圓形厚紙板，挖好兩個眼睛位置的圓洞，並將圓紙板兩邊穿上橡皮筋）	TypeIII：能利用媒材製作生肖面具。	視覺空間	

▶▶▶ 家庭 ◀◀◀

課程目標

一、了解均衡飲食的組成並設計創意料理。

二、從關係圖了解家人關係和推測未來的發展。

三、了解房屋組成的特質和重要性。

四、發揮創意，增加空間規劃。

單元名稱	教學目標	教學內容設計	問題類型	多元智能教學方法	不同能力學生課程調整方式
健康、均衡的飲食	一、了解均衡營養的組成。	一、課前準備活動。請幼兒把自己最愛吃的那道菜紀錄下來，上課時帶來學校。		自然觀察內省	
		二、請幼兒提出自己最愛吃的那道菜所組成的材料，教師依據答案將材料寫於紙條，並貼在白板上。		語文	
		三、請幼兒上台將上述答案分成二類、三類、四類、五類。並說明分類依據。	TypeⅢ：合理將食物分類。	邏輯數學	1.一般幼兒：教師指明分類依據，如葷和素。
		四、教師介紹五類營養素。	TypeⅠ：能回答均衡飲食的五類	自然觀察	

單元名稱	教學目標	教學內容設計	問題類型	多元智能教學方法	不同能力學生課程調整方式
健康、均衡的飲食		㈠請幼兒回答均衡飲食的五類營養素。 ㈡請幼兒將前述白板中的答案列入五類營養素中，並分別列舉，補充適當的食物。	營養素。 TypeⅣ：能根據五類營養素，分別列舉適當的食物。	 自然觀察	 2.一般幼兒：要求將前述白板中的答案列入五類營養素中。
		五、教師請幼兒閉眼睛，分別指定他們扮演某一營養素，進行「尋找五大類營養素」遊戲，找到五個同伴，組合成「均衡營養」後可以圍圈坐下。	TypeⅡ：能找出五類營養素，正確完成任務。	自然觀察人際	3.一般幼兒：幼兒身上貼圖卡來進行遊戲。
	二、兼顧均衡營養，設計創意料理。	六、為辛苦的媽媽（或某一個家人）創作驚喜餐！	TypeⅤ：能為辛苦的媽媽（或某一個家人）創作驚喜餐。	視覺空間邏輯數學	

單元名稱	教學目標	教學內容設計	問題類型	多元智能教學方法	不同能力學生課程調整方式
我的家人	一、從關係圖了解家人之間的關係。	一、課前準備活動。請幼兒帶一張全家福的照片到學校。			
		二、活靈活現全家福。 ㈠每組幼兒選一位代表，請同組同學幫忙，一起將全家福中每一位家人的動作、表情表現出來。		自然觀察 人際 身體動覺	
		㈡其他組的幼兒輪流上台以觸覺方式感知，推測所表現人物的身分與動作。（為視障學生調整）		自然觀察	1.一般幼兒：視覺觀察代替觸覺探索。
		三、全家就是你家。老師以關係圖和符號介紹家庭的組成與家人的關係，並詢問幼兒了解的情形。	Type Ⅱ：能正確回答關係圖中的問題。	邏輯數學 人際	2.一般幼兒：將符號改為文字，並多作舉例。
		四、超級比一比。 ㈠鼓勵幼兒設定某位家人，上台表演他（她）常做的事，讓其他幼兒猜猜看。		自然觀察 身體動覺	
		㈡延續上述活動，但是增加難度：鼓勵幼兒將兩名以上的幼兒所表	Type Ⅲ：能合理將線索串連成故事。	自然觀察 身體動覺 語文	3.一般幼兒：要求將兩名幼兒所表演的動作串連成故事。

單元名稱	教學目標	教學內容設計	問題類型	多元智能教學方法	不同能力學生課程調整方式
我的家人	二、觀察家人動作習性，推測未來的發展。	演的動作串連成故事。 ㈡進一步提升難度：鼓勵幼兒設定某位家人，上台表演他（她）未來可能做的事，其他幼兒將兩位以上同學的表演動作串連成故事。	TypeⅣ：表演某位家人未來可能會做的事。	內省 身體動覺 語文	
		五、未來世界全家福。請幼兒創作二十年後全家福照片的模樣。	TypeⅤ：能創作二十年後全家福照片的模樣。	內省 自然觀察 視覺空間	

開發智能‧解決問題

單元名稱	教學目標	教學內容設計	問題類型	多元智能教學方法	不同能力學生課程調整方式
布置舒適的家	一、了解房屋組成的重要性。 二、表現房屋組成的特質。	一、閱讀《你的房屋，我的房屋》，與幼兒問答繪本內容： ㈠沒有房屋可住會怎樣？ ㈡房屋的要素和太陽、風、雨等大自然現象的關係？ 屋頂：遮雨、遮太陽。 牆壁：擋風。 窗戶：通風。 地板：避免泥土凹凸不平、潮濕或小動物鑽進來。 ㈢一般的家裡有哪些空間規劃？ （在白板上寫下幼兒的答案）	Type I：完成繪本閱讀後，以繪本內容作為問答依據。	語文	
		二、以上述第㈢題中幼兒的作答內容為依據，與幼兒玩猜謎遊戲： 老師從白板中默想一個答案，請幼兒提問，老師回答是或否，讓幼兒歸納前述線索，猜出老師心中默想的答案。	Type II：藉由提問的回饋，歸納出老師心中默想的答案。	邏輯數學	
		三、請一位幼兒上台，試著以最有創意的方式介紹自	Type IV：以最有創意的方式介紹自己在家裡	自然觀察 邏輯數學 身體動覺	1.一般幼兒：減低複雜度，上台以「不一樣

單元名稱	教學目標	教學內容設計	問題類型	多元智能教學方法	不同能力學生課程調整方式
布置舒適的家		己在家裡最喜歡或最討厭的東西，並請其他幼兒猜出所介紹的東西。	最喜歡或最討厭的東西，並請其他幼兒猜所介紹的東西。	語文 人際	的方式」介紹。
		四、教師提問下列問題與理由： ㈠家裡有哪些不要的東西？	Type Ⅲ：能知道家裡有哪些東西可以不要。	自然觀察 邏輯數學 內省	2.一般幼兒：提問「增加或減少什麼」。
		㈠家裡需要增加哪些東西？	Type Ⅲ：能知道家裡需要增加哪些東西。		
	三、創作空間設計。	五、請幼兒設計一個理想的家。	Type Ⅴ：能設計一個理想的家。	視覺空間	

▶▶▶ 學生作品範例 ◀◀◀

單元名稱	問題類型／內容	作品名稱	作品照片	作品說明／評述
家庭——布置舒適的家	Type Ｖ：請幼兒設計一個理想的家。	安全便利的家		A生的設計中，特別強調安全和動線，其中藍色部分（①）是消防栓，另有箭頭指出行進方向；每個隔間都有電燈和窗戶，生活機能完備。整體而言，設計完整且合理，重點突出。
		想像世界		B生以怪物為主體，中間有所謂「真實之眼」，頗耐人尋味。底部設計有風火輪的軌道，供風火輪行走。其餘則出現「食人花」、「電腦病毒」等負面的角色。此作品整體性雖然較低，但是可以隱約看出作者對外在世界的觀感。
		危險勿進		C生把房屋畫在正中間，造型相當典型，對於內部並未描繪，顯示此一方面較少深入思考。強調住戶居住的安全，在房子的煙囪上放了炸彈，但為免傷及無辜的過路人，特意在旁邊兩棵樹上放了牌子提醒人要小心，可見其心思已能跳脫自我中心。

單元名稱	問題類型／內容	作品名稱	作品照片	作品說明／評述
家庭──布置舒適的家	Type V：請幼兒設計一個理想的家。	理想電腦		D生在畫中只呈現了一個人打電腦的模樣，他強調這是可以變化遊戲的電腦，由此可知電腦遊戲在其生活中的重要性。對於家庭中其他部分，則顯出較不關心的情形。
		神明保祐		E生上課過程中能積極思考回答問題。此一作品嘗試要利用各種不同材質的素材來表現出自己想要設計的房子。右上角有一土地公之神明造型，顯示宗教信仰對一個家的重要性。中間的戰士盔甲則是用來保護家園。
		現代大躍進		F生作品中呈現時間的變化，中間偏左是阿公的房子，是老時代的象徵，經過「進化」，變成高聳的101大樓。換句話說，世界知名的101大樓是F生心目中的理想住家典範。

單元名稱	問題類型／內容	作品名稱	作品照片	作品說明／評述
家庭──布置舒適的家	Type V：請幼兒設計一個理想的家。	妖怪房子		G生將房子擬人化，屋頂的煙囪會冒煙，讓人不舒服。一旦壞人跑進屋子裡，就會被吃掉，骨頭從眼睛處被吐出來。此一作品防衛性強，對外在世界採不信任的態度，但是擬人化的方式又見其童心。
		我理想的家		H生利用紙的正反面完成的作品兼顧外觀與內部設計。大門上設有大鎖，以防宵小，但同時也貼心地設計雙開式的大門，讓胖的人得以進入。房屋內部除了滿足基本生活需求外，強調休閒設施──各類書籍與花園。避免二樓逃生不易，還特別從二樓開設向外的逃生梯，相當細心。 創作過程中，自主獨立性很高，不喜歡他人給予意見。從此一作品可以看到 H 生對生活品質的重視以及對他人的體貼。
		我理想的家		I生也是利用紙的正反面完成作品，兼顧外觀與內部設計。外部圖看來，綠草如茵，旁邊又有小房舍作為寵物住所，似乎非常嚮往自然的生活方式。內部圖中描繪三項重點：樓梯變成溜滑梯、床改為可以躺在地上免除攀爬上床、左大半邊是廁所，

單元名稱	問題類型／內容	作品名稱	作品照片	作品說明／評述
家庭——布置舒適的家	Type V：請幼兒設計一個理想的家。	我理想的家		並未說明用意。屋頂上有許多星星，裝飾性高。從樓梯和床的改造，可見其創意。
		動物的家		J 生畫了三個給動物住的房子，窗戶可以種花。給小蟲住的房子，則由從大到小的門疊高，旁邊還放了殺蟲劑。特別為動物設計房子，可見其對動物的關注。殺蟲劑的配置則顯得有些突兀，也許這意味著家裡其他成人的意見與力量。
		服裝設計師		K 生一開始畫圖，可能受了同學的影響，畫了與主題不相關的女性設計師，後來改造了出入口成樓梯，提出現代人太胖要多走路的構想。作者對人物與其服裝細節相當感興趣，精緻性頗高，可惜有些離題。

單元名稱	問題類型／內容	作品名稱	作品照片	作品說明／評述
家庭──布置舒適的家	Type Ⅴ：請幼兒設計一個理想的家。	1.未來交通運輸 2.我理想的家		L生原本先畫出未來交通工具，後來又做出一個完整的房子，其中運用膠水做成池塘。 1.到了 2020 年，一般電車在 B2 行進，若要搭乘汽車或快速 JR 電車，需搭乘電梯或走樓梯到 B1。一般的建築仍保持在地面上。換句話說，2020 年時，許多交通動線都規劃在地面之下。此一具備未來觀的設計合理且完整。 2.作品以黏土塑造，強調自然鄉村風格，有菜田也有池塘，其中池塘以膠水堆積製成，具有水的透明質感，頗具巧思。另外，亦考慮到對外的連結動線，完整度亦高。

單元名稱	問題類型／內容	作品名稱	作品照片	作品說明／評述
家庭──布置舒適的家	Type V：請幼兒設計一個理想的家。	我理想的家		M 生作品中的底部是秘密基地，爬到房子後可從綠色繩索滑下來，肚子餓時，可以從秘密基地的通道到左邊的樹上摘果子，樹根可以移動，果子也有很多種類，可以選擇自己想要的來吃。這份作品融入了遊戲的樂趣，但仍不忘生活需求的滿足，紙張的運用突破界線，可見作者的創意巧思。
		理想家具		N 生以黏土創作出家庭生活用品，包含會移動的床，一起床可使用遙控器移動到自己想去的地方，如電視機前等等。另外，還有洗臉盆、花；其中洗臉盆裡也注入膠水，頗具真實感。獨立的家具富精緻感，但是作品較不具整體感。
		透明屋		O 生使用黏土做出立體的造型，並解釋其牆壁為透明的，外面看不到裡面，但裡面卻可以看到外面。立體造型的創作頗具新意，對於黏土之間的連接點也有所執著，具有特色。

貳 ———————— 團體活動 —

開發智能・解決問題

課 程 目 標

一、培養幼兒良好的互動模式。

二、增進幼兒肢體協調、肌肉發展。

三、透過團體活動的方式，讓幼兒學習溝通的技巧。

活動名稱	活動目標	活動內容設計	教學資源
彩色葉片	協調能力。	一、將各種形狀的彩色片散放在地面上。幼兒在外圍隨音樂踩踏各種步法。 二、聽哨音與口令：圓形（或四方形或三角形）時，則立刻拾一片圓形並回座位。 三、口令改為：顏色＋形狀，如：黃色的四方形。 四、口令改為：形狀＋數量＋顏色，如：綠色三角形三片。 五、可分組競賽：將幼兒分為四組，各派一人。口令與上述相同，比賽速度快或數量多。	1.各種形狀的彩色塑膠片（百利智慧片） 2.椅子或墊子 3.哨子一個
同心協力		一、 ㈠將幼兒分成四組，排成直線。 ㈡將排頭幼兒的養樂多瓶裝滿水，由排頭一一傳至排尾，再由排尾傳回排頭，看哪一組水保留最多則獲勝。 二、 ㈠幼兒分為二組。 ㈡在地上畫上 S 形記號，空水桶放於 S 形前方，隊伍後方則放裝水桶。 ㈢每人一個養樂多瓶，裝滿水依 S 形走至空水桶處將水倒入，再裝水並排於隊伍後方。 ㈣時間到哨聲響起，哪一隊水桶的水最多即獲勝。	1.養樂多瓶（布丁杯）二十個 2.水桶四個 3.透明容器，相同的二個 4.粉筆或彩色筆 5.膠帶 6.哨子一個

活動名稱	活動目標	活動內容設計	教學資源
跳跳豆	練習協調性與反應能力。	一、幼兒分組進行大龍球的拍、滾、傳、投等動作。 二、幼兒分組進行感統球的彈跳活動。	1.大龍球四顆 2.感統球四顆
接接樂	一、能比較「長」與「短」。 二、能積極參與活動。 三、能遵守團體遊戲的規則。	一、介紹遊戲規則：將撿回來的樹葉或石頭連接起來，哪一隊最長即獲勝！ 二、教師帶領幼兒至戶外撿拾樹葉或石頭。將撿回來的樹葉或石頭連接起來，比一比哪一隊最長，即獲勝！	
餃子大集合	一、能跟隨教師一起數數。 二、會比較「多」和「少」。 三、增進手眼協調能力。 四、能欣賞他人作品。 五、樂於收拾整理。 六、能積極參與活動。 七、能遵守團體遊戲的規則。	一、介紹材料、說明遊戲規則、提醒安全注意事項和分組。 二、遊戲規則：以下鍋之後撈起不破為原則，完整的水餃最多者獲勝。 三、進行製作。 ㊀小組中進行水餃製作，同組水餃放在同一個盤子。 ㊁下鍋前，全組一起點數水餃數。在等待的同時，全班一起收拾、清洗用具，並且準備擺放餐盤。 ㊂起鍋後，全組一起點數水餃數，完整者與破裂者分別有幾個。 四、舉行水餃 PARTY！ 獲勝者揭曉後，欣賞其他組別的水餃，並且一起共享水餃大餐。	1.鍋子 2.水餃材料 3.盤子 4.筷子、湯匙 5.碗 6.電磁爐
猜猜我是誰	以氣球的接傳來進行自我介紹。	一、幼兒先圍成一圈做簡單的自我介紹，老師必須為幼兒重複一次。 二、接著將幼兒分成二列，面對面站立；老師發號施令，由一方先行抱球奔跑至對面幼兒面前，說出自己的名字並把球交給對方；下一個命令則反之進行。 進行三個回合結束。	1.氣球十顆 2.幼兒分組：一組十人

活動名稱	活動目標	活動內容設計	教學資源
猜猜我是誰		三、幼兒分成二列，面對面站立；老師發號施令給一方。 四、先行抱球奔跑至對面幼兒面前，說出對方名字並把球交給對方；下一個命令則反之進行。進行三個回合結束。 五、交換友伴，進行二與三活動。（四活動進行次數由老師視情況決定）	
互不相讓──報紙球篇		一、將幼兒分成二隊，中間劃分為界線，遊戲進行中雙方隊員不能超過界線。 二、將紙球平均散落，待短聲哨音一開始，二隊開始將自己境內的球丟到對方境內。 三、長聲哨音響起時，二隊停止動作。開始數在自己境內的紙球數，較少者為勝。	1.報紙球若干 2.彩色膠帶一捲 3.哨子一個
我在哪裡？	一、能說出樂器的名稱。 二、能辨別樂器的聲音。 三、能積極參與活動。 四、能遵守團體遊戲的規則。	一、介紹各種樂器名稱，請幼兒輪流敲打，聽聽看樂器的聲音。 二、請幼兒圍坐成圓形。將一位幼兒的眼睛以眼罩蒙住後，把各種樂器分給其他幼兒，但是設定的某種樂器只有一個。 三、告訴已蒙眼的幼兒設定的樂器後，全體幼兒一同使樂器發出聲音，請此幼兒尋聲辨認找到設定的樂器，即過關！	1.手搖鈴 2.鈴鼓 3.響板 4.木魚 5.眼罩
水底撈月	一、能跟隨教師一起數數。 二、會比較「多」和「少」。	一、將幼兒分成二隊。 二、教師說明遊戲規則。 ㈠將盛滿彈珠和水的容器放在各隊前方二十公尺處的小桌子上。在各隊起點處放置空的容器。	1.彈珠 2.湯匙 3.容器

活動名稱	活動目標	活動內容設計	教學資源
水底撈月	三、增進手眼協調能力。 四、能積極參與活動。 五、能遵守團體遊戲的規則。	(三)哨音響起，每隊隊員輪流拿湯匙將彈珠撈出，並且送回空的容器中；當第二聲哨音響起，雙方停止動作，一起點數著彈珠數，各隊擁有彈珠數多者獲勝！	
打柚子	一、能大方將經驗分享，並聆聽他人的分享。 二、能主動發表意見。 三、能積極參與活動。 四、能遵守團體遊戲的規則。	一、請幼兒輪流分享中秋賞月的經驗。 二、介紹中秋應景水果——柚子。 三、請幼兒輪流聞聞柚子的氣味，說說看柚子的滋味如何後，協助幼兒將柚子剝開，一起享用柚子果肉，但是將柚子皮留下。 (一)進行打柚子遊戲。請幼兒圍坐成圓形狀，將一顆柚子放在當中。 (二)將一位幼兒的眼睛以眼罩蒙住，頭頂戴上柚子帽。教師協助他在原地自轉三圈後，其他幼兒以口語提醒柚子的位置，此幼兒以紙棒揮打到柚子，即過關！	1.柚子 2.眼罩 3.報紙
團結一家人	一、能比較面積的「大」和「小」。 二、促進大肌肉發展。 三、能積極參與活動。 四、能遵守團體遊戲的規則。	一、將幼兒分成兩隊在中線兩旁。 二、教師說明遊戲規則。 (一)每隊擁有相同數量的報紙，教師協助幼兒將報紙平鋪在地上，每一位隊員皆須站在報紙上，但不限制動作、姿勢。 (二)雙方輪流派出一位隊員出來猜拳，贏家可將對方的報紙取走一張，直到兩隊中的一隊報紙面積愈來愈小而無法容納所有隊員時，獲勝者即揭曉！	報紙
頂上功夫	一、促進身體動作協調與平衡。 二、能積極參與活動。	一、將幼兒分成兩隊。 二、教師說明遊戲規則。 (一)在各隊前方二十公尺處放置一張小椅子。 (二)每隊隊員輪流頭頂書本、兩手伸平，繞過小	1.書本 2.小椅子

聰明的孩子・資優的教學

開發智能・解決問題

活動名稱	活動目標	活動內容設計	教學資源
	三、能遵守團體遊戲的規則。	椅子走回來，最快輪流完畢者，即獲勝！	
氣球傘PARTI	握傘動作四指在傘下，拇指在傘上。	一、 ㈠請幼兒圍成圈，拉緊氣球傘站立。 ㈡老師分三次將箱內的小球倒至氣球傘上，由幼兒利用手的抖動將球彈出氣球傘外。全部球彈完後，再請幼兒將球撿入箱子內。 二、 ㈠幼兒圍圈手拉氣球傘，聽音樂順時針走，聽見哨音與口令：X色（各種顏色皆可），則手握在X色氣球傘上的幼兒即躲到傘下。 ㈡幼兒圍圈手拉氣球傘，聽音樂順時針走，聽見哨音與口令：X色（各種顏色皆可），全體幼兒將傘舉起充氣後，將傘壓下，坐在傘上，X色者站立。	1.氣球傘一個 2.小球一大箱 3.哨子一個 4.收音機
氣球傘PARTII	練習手眼協調。	一、請幼兒圍成圈，拉緊氣球傘站立。 二、小海浪（幼兒小小震動雙手）。 三、中海浪（幼兒震動雙手）。 四、大海浪（幼兒大大震動雙手）。 五、配合音樂讓幼兒自由想像並肢體模仿動作。	1.氣球傘一個 2.小球一大箱 3.哨子一個 4.手提音機
巧手DIY	一、讓幼兒有不同的關心同儕及友伴的方式。 二、練習主動表達關懷。	一、依花材內附說明製作。 二、小天使遊戲——幼兒們抽籤，將完成的巧克力花送給自己的小天使，並擔任小小守護神照顧小天使一個下午。 （此遊戲必須請活動老師說明及適時提醒）	1.巧克力 2.花材 （材料店購買）
吹泡泡	一、能觀察與感受泡泡的形成與破滅。 二、會動手進行製作	一、介紹製作吹泡泡的材料。 二、請幼兒進行製作，並且開始嘗試吹泡泡，觀察與感受泡泡的形成與破滅！	1.沙拉油 2.洗碗精 3.吸管 4.養樂多罐

活動名稱	活動目標	活動內容設計	教學資源
吹泡泡	吹泡泡。 三、能積極參與活動。 四、能遵守團體遊戲的規則。	三、教師引領幼兒手牽手圍成一個小圓圈，一起慢慢地舉起腳做打氣的動作，圓圈慢慢地往外拉大，當教師喊「砰！」一聲，表示泡泡破了，幼兒需向四面跑散開，被教師抓到的幼兒發令喊「砰！」。（當幼兒熟悉規則時，可以請幼兒輪流發令喊「砰！」）	
黏黏樂	一、促進身體動作協調與平衡。 二、認識身體各部位。 三、能積極參與活動。 四、能遵守團體遊戲的規則。	一、教師引領幼兒隨音樂節奏搖擺身體、自由地四處走動。 二、當音樂停止時，教師說：「屁股黏屁股！」（身體的某部位），則幼兒必須立刻找到一位好朋友（或是逐漸增加人數），根據指令與他屁股黏屁股。（當幼兒熟悉規則時，可以請幼兒輪流發令）	1.音樂 CD 2.收音機
變變變	一、促進身體動作協調與平衡。 二、能使用肢體進行創作。 三、能積極參與活動。 四、能遵守團體遊戲的規則。	一、教師引領幼兒隨音樂節奏搖擺身體、自由地四處走動。 二、當音樂停止時，教師說：「變恐龍！」（任一動物），則幼兒必須立刻自由創作展現該動物特徵的肢體動作。（當幼兒熟悉規則時，可以請幼兒輪流發令）	1.音樂 CD 2.收音機
鳥兒回巢	一、促進身體動作協調與平衡。 二、能積極參與活動。 三、能遵守團體遊戲的規則。	一、事先製作樹頭套數個。 二、請幾位幼兒戴上頭套扮演樹，其他幼兒扮演小鳥。 三、當教師播放「森林狂想曲」音樂時，全體幼兒隨音樂節奏搖擺身體、自由地四處走動。當音樂停止時，扮演樹的幼兒將兩手舉平，扮演小鳥的幼兒必須在教師倒數十的時間內，立刻飛回樹的身旁蹲下。	1.音樂 CD 2.收音機

活動名稱	活動目標	活動內容設計	教學資源
天羅地網	一、培養幼兒問題解決方法。 二、訓練幼兒手、眼、腳協調能力。	一、在特定場地內四周置放四～六張椅子，當作圖形之角。 二、利用塑膠繩作為角之間的對角線，纏繞成類似蜘蛛網，並在繩子上綁上鈴鐺。 三、選一起點角和終點角，學生採用自己的移動方式穿越網狀，不可以碰到塑膠繩，抵達終點時如果鈴鐺發出聲音次數最少者獲勝。	1.椅子 2.塑膠繩 3.鈴鐺 分組：五人一組
瓶瓶擊中	一、培養幼兒手、眼協調能力。 二、練習控球能力。	一、利用寶特瓶當作保齡球瓶，排成倒三角形、直線、橫線、正三角形。 二、幼兒利用滾球方式擊中寶特瓶，在一定時間內擊中最多寶特瓶的組別獲勝。	1.裝水的寶特瓶 2.排球或躲避球 分組：五人一組
強棒出擊	一、培養幼兒手、眼協調能力。 二、練習擊球動作技能。	一、將水桶倒立當作球座，海灘球放在球座上。幼兒握羽球筒當作球棒。 二、聞哨音打擊、擊中者得分。 三、隨著練習次數增加將球改為小球。	1.水桶 2.海灘球 3.羽球球筒 分組：四人一組
大家來擠油	耐力、協調能力。 ※禁止用手推人或用腳勾人。	一、 ㈠將幼兒分成二組。 ㈡二組各派一人。 ㈢二名幼兒各自手抱胸，背對背坐在軟墊上，當哨聲響起，以背或臀相互推擠，被推出墊子者就算輸。 二、將墊子排成正方形，請六名幼兒各自手抱胸，集中坐於墊子的中央，待哨聲響起相互推擠，最後留在墊上者為勝。	1.軟墊二塊 2.哨子一個

參 ——————————————— 語 文

▶▶▶ 形形色色 ◀◀◀

課程目標

一、培養幼兒良好的聽話態度與習慣。

二、啟發幼兒語言的潛能，增進幼兒語言能力，逐步引導使能做有條理的表達。

三、增進幼兒閱讀、欣賞的能力。

四、透過問答和發表，培養幼兒創造想像、多元思考和問題解決的能力。

五、透過語文情意的陶冶，培養幼兒優美的情操和健全的人格。

六、增加國字的接觸與閱讀機會，自然累積字彙語詞。

七、提供應用國語文字的機會，鼓勵創意思考與自我挑戰。

單元名稱	教學目標	教學內容設計	問題類型	多元智能教學方法	不同能力學生課程調整方式
形形色色真有趣	一、透過繪本、童謠和看圖說故事，認識這個由顏色和形狀組成的世界。 二、學會傾聽，能聽懂話裡的意思。 三、能清晰、有條理地傳達自己的意思。	一、暖身活動——反應大考驗。（老師先指定某一些特性的物品做為主題，例如：可以吃的東西、圓的東西……，當老師唸到符合條件的物品時，幼兒就舉起右手；如果不是，就要把手放下。老師每週換不同的主題，課前做此活動可提振幼兒的		身體動覺	

單元名稱	教學目標	教學內容設計	問題類型	多元智能教學方法	不同能力學生課程調整方式
形形色色真有趣	四、能發揮豐富的想像力，激發創意。	精神，訓練幼兒集中精神。）			
		二、認識顏色和形狀。閱讀分享──《形狀變變變》。（小小愛因斯坦系列／全美文化出版）	Type I：說出這本書中介紹了哪些形狀？	語文	1.「閱讀分享」時，識字的幼兒可以跟著老師唸並看字發表；不識字的幼兒可以讀圖發表。
		三、形狀的組合。可以畫圖的童謠──〈阿公仔生嘴鬚〉 三公口 阿公仔生嘴鬚 阿媽生目睭 阿公仔落下領 一凸一凸越凸越大凸 三枝蔥仔三塊三 一粒瓞仔七塊七 三粒豆仔六塊六 （可以畫出一個很可愛的老公公）	Type II：除了書中所介紹的形狀以外，你還知道有哪些形狀？ Type III：會邊聽童謠邊畫出一個人。	自然觀察 內省 人際	
		四、顏色和形狀的綜合運用──請你跟我畫。（準備數張海報紙、每位幼兒一張白紙、一盒彩色筆。白板上先貼一張海報紙，老師先當領袖在海報上邊畫邊說	Type III：能根據說明畫出一幅圖畫。 Type V：會利用形狀和顏色組合成一個有意思的圖形，並且能清晰地傳達出自己的意思，	視覺空間	2.進行「請你跟我畫」的遊戲時，活潑、擅長邏輯設計的幼兒可選擇當「領袖」；較為內向的幼兒可選擇當「跟班」。

單元名稱	教學目標	教學內容設計	問題類型	多元智能教學方法	不同能力學生課程調整方式
形形色色真有趣		明，如：「我現在用紅色的筆在正中間畫一個大大的圓」……，之後，再由幼兒輪流當領袖，其他幼兒仔細聆聽領袖的說明，並且依據所聽到的說明背對著領袖，分別在紙上畫出一幅圖畫。） 五、「想像」的魔法世界——顏色的聯想。 ㈠看圖說故事——〈彩虹蝴蝶〉。（取材自《大魚吃小魚》畫者／申惠媛／作者／李銀紅／牛津家族國際出版） ㈡共同創作——彩虹詩。 紅色是「　」的顏色 橙色是「　」的顏色 黃色是「　」的顏色 綠色是「　」的顏色 藍色是「　」的顏色 靛色是「　」的顏色 紫色是「　」的顏色 彩虹是「　」的顏色 （事先製作成「經驗圖表」，配上美麗的插圖，	教其他學童跟著自己畫。 Type I：能說出彩虹的顏色。 Type II：能由生活中的事物找出所指定的顏色。 Type IV：能根據連環圖畫，說出有條理而且充滿趣味的故事。	邏輯數學	

單元名稱	教學目標	教學內容設計	問題類型	多元智能教學方法	不同能力學生課程調整方式
形形色色真有趣		空格部分讓幼兒盡情發揮想像、盡情聯想。） 六、回家秀一秀。 　（準備學習單） ㈠教家人畫童謠。 ㈡和家人玩「請你跟我畫」的遊戲。			3.「回家秀一秀」有「教家人畫童謠」，也有和家人玩「請你跟我畫」，可以自行選擇其中一項完成，或二項都做。

單元名稱	教學目標	教學內容設計	問題類型	多元智能教學方法	不同能力學生課程調整方式
童詩中的形形色色	一、培養閱讀理解能力。 二、培養想像的能力。 三、認識顏色和情緒的關係。 四、培養表達能力——學會造長一點的句子，並且學會運用想像和形容做生動的比喻。	一、暖身活動——反應大考驗。 二、閱讀分享——《子兒吐吐》。（文圖／李瑾倫／信誼出版社） 三、討論。（DISCOVER活動） 四、欣賞童詩——《我是西瓜爸爸。》（蕭蕭著／三民出版） 五、討論。（DISCOVER活動）（先將原詩「我	Type I ：1.書中主角叫什麼名字？ 2.他吞下的是什麼種子？最後他的頭上有長出一棵樹嗎？ Type II ：還有吃哪些水果要吐出子兒？ Type III ：胖臉兒在書中有什麼樣的心情變化？他為什麼會產生這樣的心情變化？ Type IV ：胖臉兒是怎樣的一個人？（要求幼兒多用幾個形容詞，嘗試造長一點的句子） Type I ：在這首詩中寫出哪些顏色？其中哪一種顏色寫出清涼的感覺？ Type III ：顏色會影響你的感覺嗎？如：綠色的小河、紅	身體動覺 語文 內省 人際 自然觀察 視覺空間	1.閱讀分享時先看封面，讓識字的幼兒唸書名、作者、繪圖者和譯者的名字；不識字的幼兒則根據封面的圖畫，猜測繪本的故事內容。

單元名稱	教學目標	教學內容設計	問題類型	多元智能教學方法	不同能力學生課程調整方式
童詩中的形形色色		是西瓜爸爸」以及所欲討論的Type Ⅰ、Type Ⅲ製作成經驗圖表） 六、我也會創作有顏色的水果詩——發下學習單： 菜市場的水果攤上 有___色的___像___ 有___色的___像___ 有___色的___像___ 有___色的___像___ 各種顏色的水果我都愛吃。 （取材自《引爆語文能力》／沈惠芳著／小魯出版） 鼓勵幼兒在仔細觀察之餘再發揮想像，並教以優美的形容，例如：「粉紅色的水蜜桃像屁股」就不如「粉紅色的水蜜桃像小嬰兒粉嫩的屁股」。 空格部分讓幼兒盡情發揮想像、盡情聯想，老師逐一將幼兒的發表內容記錄下來。	色的小河、黑色的小河、黃色的小河；「___」色的小河，分別會給你什麼感覺？ Type Ⅳ：我會寫有顏色的水果詩。		2.不會拼寫的幼兒，口述之後由老師幫忙書寫，或選擇自己用畫圖的方式呈現；會拼寫的幼兒可嘗試自己書寫，老師隨時提供支援。

開發智能‧解決問題

單元名稱	教學目標	教學內容設計	問題類型	多元智能教學方法	不同能力學生課程調整方式
小女孩的鄰居	一、認識字詞的口語發音與文字形體之間的連結性。 二、提升口語表達能力。 三、培養觀察與思考能力。	一、閱讀繪本《小女孩長大了》。 ＊引導方式： ㈠觀看封面與作者、譯者照片，說明瑪德蓮的由來。 ㈡由幼兒讀出內容，教師配合圖片提問具特定答案的問題。 ㈢提問不同國家鄰居的特色、職業和打招呼方式。 二、提問。 （準備世界地圖一張、圖畫紙、色筆） ㈠「瑪德蓮住在哪裡？」 ㈡「說出瑪德蓮的三個鄰居來自哪些地方？」（可以在世界地圖或地球儀找出位置） ㈢如果你是瑪德蓮來自台灣的鄰居，你覺得哪些東西能代表你的國家。（口語發表）用你獨特的方式表達出來。（以階梯書的形式創作） ㈣向瑪德蓮打聲招呼吧！	Type II：透過繪本，了解不同國家的特色。 Type III：從地圖找出各國位置或根據書中的特色找出位置。 Type IV：發表分享台灣的特色。 Type V：製作介紹台灣的階梯書。	語文 人際 自然觀察 人際 內省 自然觀察 語文 視覺空間	1.閱讀時，識字幼兒讓他有機會能夠指認字，讀出聲音來。不識字幼兒鼓勵他嘗試或由圖片尋找線索。 2.創作階梯書時，依幼兒能力不同，給予不同程度協助。如已經能拼寫的幼兒就鼓勵其嘗試拼寫。還不能自行拼寫的幼兒，則由老師寫下幼兒口述的文字，讓幼兒可以建立對音—形的連結。

單元名稱	教學目標	教學內容設計	問題類型	多元智能教學方法	不同能力學生課程調整方式
小女孩的鄰居		三、總結：世界上有許多形形色色的人、事、物，各有特色。			

單元名稱	教學目標	教學內容設計	問題類型	多元智能教學方法	不同能力學生課程調整方式
夢幻超市 PART I	一、認識字詞的口語發音與文字形體之間的連結性。 二、強化常用語詞的視覺字形記憶。 三、培養觀察與思考能力。 四、提升口語表達能力。	校外教學： 一、參觀時。 ㈠引導幼兒看分區名稱，推想這一區可能會有的東西。 ㈡分區參觀時，請幼兒找到作業單上的商品，選自己喜歡的品牌、價格抄下來；並把自己喜歡的廠牌記錄下來。 ㈢請幼兒取一物品結帳。 二、參觀後。 ㈠幼兒的學習單分享。彼此討論為何要選那些廠牌。 ㈡利用超市的宣傳單，找出促銷的商品。 ㈢利用宣傳單討論同種商品不同促銷價格的原因，並說明自己可能的選擇。	Type Ⅲ：幼兒看到分區名稱，推想這一區可能有的東西。 Type Ⅲ：請幼兒找到作業單的商品，選自己喜歡的品牌、價格抄下來；並把自己喜歡的廠牌記錄下來。 Type Ⅳ：能彼此討論為何要選擇那些廠牌。 Type Ⅰ：利用超市的宣傳單，找出促銷的商品。 Type Ⅴ：利用宣傳單討論同種商品、不同促銷價格的原因，並說明自己可能的選擇。	語文 邏輯數學 視覺空間 語文 自然觀察 自然觀察 語文	1.在參觀時，鼓勵識字幼兒能夠閱讀包裝，不識字的幼兒鼓勵他們觀察產品包裝特色。 2.閱讀宣傳單時，以多種線索，包括價錢、文字、產品顏色位置等，協助幼兒找出促銷的商品。

形形色色：「形形色色真有趣」學習單㈠

有意思的童謠

好厲害的小朋友是：＿＿＿＿＿

一、我會表演：

1. 砧阿膠
2. 提籃撿泥鰍
3. 什麼圓，圓上了天

爸爸媽媽的話：

＿＿＿＿＿＿＿＿＿＿＿＿

＿＿＿＿＿＿＿＿＿＿＿＿

二、我教爸爸媽媽畫童謠：

（取材自《國語日報》 鍾紅玉文）

三公口	我
阿公仔生嘴鬚	畫
阿媽生目ㄐㄧㄡ	的
阿公仔落下頜	童
一ㄆㄛ一ㄆㄛ越ㄆㄛ越大ㄆㄛ	謠
三枝蔥仔三塊三	
一粒瓠仔七塊七	
三粒豆仔六塊六	

媽媽畫的童謠

爸爸畫的童謠

形形色色：「形形色色真有趣」學習單(二)

請你跟我畫

和家人玩遊戲的小朋友是：＿＿＿＿＿＿＿＿＿

領袖是：＿＿＿＿＿＿＿＿＿＿＿

跟班是：＿＿＿＿＿＿＿＿＿＿＿

領袖是：＿＿＿＿＿＿＿＿＿＿＿

跟班是：＿＿＿＿＿＿＿＿＿＿＿

▶ 小朋友，你可以多影印幾張和更多人玩喔！！

形形色色：「童詩中的形形色色」學習單

有顏色的水果詩

小詩人：＿＿＿＿＿＿＿

菜市場的水果攤上，

有＿＿＿＿＿＿色的奇異果，像＿＿＿＿＿＿＿＿＿＿＿＿＿＿＿

有＿＿＿＿＿＿色的草莓，像＿＿＿＿＿＿＿＿＿＿＿＿＿＿＿＿

有＿＿＿＿＿＿色的葡萄，像＿＿＿＿＿＿＿＿＿＿＿＿＿＿＿＿

有＿＿＿＿＿＿色的＿＿＿＿＿＿，像＿＿＿＿＿＿＿＿＿＿＿＿＿

有＿＿＿＿＿＿色的＿＿＿＿＿＿，像＿＿＿＿＿＿＿＿＿＿＿＿＿

有＿＿＿＿＿＿色的＿＿＿＿＿＿，像＿＿＿＿＿＿＿＿＿＿＿＿＿

有＿＿＿＿＿＿色的＿＿＿＿＿＿，像＿＿＿＿＿＿＿＿＿＿＿＿＿

有＿＿＿＿＿＿色的＿＿＿＿＿＿，像＿＿＿＿＿＿＿＿＿＿＿＿＿

各種顏色的水果我都愛吃。

（參考《引爆語文能力》中，劉子凡小朋友的水果詩）

老師希望幼兒認識顏色和形狀，學會想像，會做比喻。加油哦！

▶ 爸爸媽媽的話：

＿＿＿＿＿＿＿＿＿＿＿＿＿＿＿＿＿＿＿＿＿＿＿＿＿＿＿＿＿＿＿＿＿＿

＿＿＿＿＿＿＿＿＿＿＿＿＿＿＿＿＿＿＿＿＿＿＿＿＿＿＿＿＿＿＿＿＿＿

＿＿＿＿＿＿＿＿＿＿＿＿＿＿＿＿＿＿＿＿＿＿＿＿＿＿＿＿＿＿＿＿＿＿

形形色色：「夢幻超市 PART I」學習單

超級市場戶外參觀

姓名：_____

參觀超級市場真有趣，我看到

牛奶　產品名稱：_____　價錢：_____

介紹：

餅乾　產品名稱：_____　價錢：_____

介紹：

巧克力　產品名稱：_____價錢：_____

介紹：

▶▶▶ 你我他 ◀◀◀

課程目標

一、培養幼兒良好的聽話態度與習慣。

二、啓發幼兒語言的潛能，增進幼兒語言的能力，逐步引導使能做有條理的表達。

三、增進幼兒閱讀、欣賞的能力。

四、透過問答和發表，培養幼兒創造想像、多元思考和問題解決的能力。

五、透過語文情意的陶冶，培養幼兒優美的情操和健全的人格。

單元名稱	教學目標	教學內容設計	問題類型	多元智能教學方法	不同能力學生課程調整方式
天下的巫婆都是一樣的？	一、培養豐富的想像力。 二、培養口語表達及討論的能力。 三、培養聆聽的能力。 四、培養閱讀理解的能力。 五、去除刻板印象，懂得欣賞。	一、暖身活動——反應大考驗。 二、我會畫巫婆。 ㈠發揮想像力，畫出心目中的巫婆。 ㈡欣賞、發表。 ㈢討論巫婆的特徵。 （給每位幼兒一張紙、一盒彩色筆） 三、〈畢不了業的老巫婆〉。 （姜聰味老師在《中國時報》上發表的故事，故事大綱是：老巫婆平日愛找小精靈的麻煩，因此小精靈故意搗蛋，	Type Ⅴ：畫出想像中的巫婆，並且能清楚地做描述，和同學討論巫婆的長相。 Type Ⅰ：故事中的巫婆最後畢業了嗎？ Type Ⅱ：巫婆不能畢業的原因是什麼？ Type Ⅲ：我給巫婆的建議是？	身體動覺 視覺空間 語文 內省人際	1.「閱讀分享」時，識字的幼兒可以跟著老師唸並看字發表；不識字的幼兒可以讀圖發表。 2.不會拼寫的幼兒，口述之後由老師幫忙書寫，或選擇自己用畫圖的方式呈現；會拼寫的幼兒可嘗試自己書寫，老師隨時提供支援。

單元名稱	教學目標	教學內容設計	問題類型	多元智能教學方法	不同能力學生課程調整方式
天下的巫婆都是一樣的？		讓老巫婆連續多年的畢業考都無法通過「騎掃把關」、「調藥關」以及「咒語關」等三關，巫婆反省檢討後，向小精靈道歉……） ㈠聽老師說故事。 ㈡討論。 （DISCOVER 活動）			
		四、閱讀分享──《巫婆薇吉兒》。 （文／威廉‧史塔格／圖／昆汀‧布雷克／遠流出版） （遠流出版一套巫婆系列的童書，除了《巫婆薇吉兒》、《巫婆的掃把》等五本繪本以外，還包括一本羅婷以所著《巫婆的前世今生》，暢談童書裡的女巫現象，是很好的參考教材） ●討論。 （DISCOVER 活動） （視幼兒的討論深度決定閱讀幾本巫婆繪本。過去教學中幼兒人數	Type II：書中的巫婆和故事中的巫婆都愛捉弄人，但仔細想一想，她們有哪些可愛的地方？	自然觀察	

單元名稱	教學目標	教學內容設計	問題類型	多元智能教學方法	不同能力學生課程調整方式
天下的巫婆都是一樣的？		少，討論不及現在深入，共閱讀了《巫婆薇吉兒》、《巫婆的掃把》、《巫婆雅嘎奶奶》等三本繪本，幼兒最喜歡《巫婆薇吉兒》，所以現在直接先做這本書的閱讀分享） 五、發現他的好。（老師事先用海報做好經驗圖表，讓大家做發表分享。）	Type Ⅳ：我們身邊的人有些很討厭，但仔細想一想，她們是不是也有哪些可愛的地方？	內省	
		六、設計魔杖與咒語。（給每位幼兒一張紙、一盒彩色筆。並請幼兒回去根據自己的設計做一根魔杖，下次上課時帶來。老師也要另外準備如按摩棒、銀柳枯枝等，舉凡身邊任何可代替魔杖的東西，因為幼兒可能做不成或忘記帶）	Type Ⅴ：會設計魔杖與咒語。	視覺空間	

單元名稱	教學目標	教學內容設計	問題類型	多元智能教學方法	不同能力學生課程調整方式
我是大象	一、培養豐富的想像力。 二、培養閱讀理解的能力。 三、培養討論的能力及口語表達的能力。 四、培養造句的能力。 五、能同理他人，也能勇敢地說出自己的看法。 六、培養能「分享」也能「獨處」的情操。	一、看我的厲害。幼兒揮動自製的魔杖、唸自編的咒語，趕走恐懼。 二、猜猜我是誰。老師扮大象和幼兒玩。 三、閱讀分享。 ㈠《我是大象》（文圖／五味太郎／信誼出版） ㈡《班班的地盤》（文圖／珍妮・蒂瑟林頓／遠流出版） 四、討論。（DISCOVER活動）發下「TypeⅣ：依式造句」的學習單，並給每位幼兒一張紙、一盒彩色筆，讓幼兒設計屬於他個人的「秘密基地」。	Type V：能揮動自製的魔杖、唸自編的咒語，趕走恐懼。 Type I：能說出書裡的大象不喜歡照相，也不喜歡上電視的原因。 Type II：能說出大象給人們的建議有哪些。 Type III：能想出其他讓大象顯得很雄偉的方法。 TypeⅣ：依式造句：我是大象，我不喜歡照相也不喜歡上電視，因為顯不出我的雄偉。 我是_____，我不喜歡_____，因為_____（先說自己，再選一種動物代言）	語文 人際 內省 自然觀察	1.「閱讀分享」時，識字的幼兒可以跟著老師唸並看字發表；不識字的幼兒可以讀圖發表。 2.不會拼寫的幼兒，口述之後由老師幫忙書寫，或選擇自己用畫圖的方式呈現；會拼寫的幼兒可嘗試自己書寫，老師隨時支援。

單元名稱	教學目標	教學內容設計	問題類型	多元智能教學方法	不同能力學生課程調整方式
我是大象		五、看圖說故事──〈我們都是好朋友〉。（取材自《小豬的新衣服》畫者／申惠媛／作者／李銀紅／牛津家族國際出版）	TypeⅤ：1.會布置屬於你個人的「秘密基地」。 2.在獨處時，會玩的遊戲。 TypeⅣ：能根據連環圖畫，說出有條理而且充滿趣味的故事。	語文 自然觀察	

單元名稱	教學目標	教學內容設計	問題類型	多元智能教學方法	不同能力學生課程調整方式
夢幻超市ＰＡＲＴ Ⅱ	一、培養觀察與思考能力。 二、提升口語表達能力。	超市參觀後： 準備常見超市的宣傳單，利用不同超市的宣傳單，找出常用的促銷用語，並了解其意義，了解促銷的模式。 一、引導幼兒彼此協調分配如何設計一張宣傳單。 二、請幼兒設計並畫出某一類的物品，並寫下其特色和標價。 三、將幼兒設計的物品設計圖陳列在其他幼兒面前，請設計者介紹該物品。（準備圖畫紙、色筆） 四、請幼兒設計一個具有創意的超級市場。	Type Ⅰ：利用不同超市的宣傳單，找出常用的促銷用語。 Type Ⅲ：能了解促銷的模式。 Type Ⅳ：能共同設計促銷宣傳單，分配要促銷的商品。 Type Ⅳ：能為自己要賣的東西想合適的介紹詞。 Type Ⅳ：能上台介紹自己促銷的東西。 Type Ⅴ：會設計自己開超市時想賣的東西和擺設。	視覺空間 自然觀察 語文 人際 自然觀察 邏輯數學 視覺空間 語文 人際 語文 語文 人際 視覺空間 邏輯數學 語文	1.在引導幼兒討論時，對領導能力強的幼兒，讓他練習協調的能力。 2.對於比較內向的幼兒，則以額外提問的方式特別鼓勵他發言。

單元名稱	教學目標	教學內容設計	問題類型	多元智能教學方法	不同能力學生課程調整方式
娃娃說故事	一、認識書的組成。	一、認識故事繪本的組成。		語文	進行故事集體創作時，依幼兒能力做不同層次的引導。而內向口語表達較弱的幼兒，鼓勵發言；但對表達能力優秀的幼兒則提示聲調的變化。
	二、提升口語表達能力。	二、從繪本的題目與插圖，讓幼兒發表可能的故事發展。		語文	
	三、練習從聽覺訊息中提取線索。	三、教師為幼兒說故事，在適當時候停頓，提問讓幼兒參與討論。	Type II：能在教師提問時參與討論。	語文	
	四、累積對詞句形體的認識與記憶。	四、逐頁閱讀繪本的文字，請幼兒拼讀故事的文句（作者的話），增修作者的話。		語文	
		五、以教師準備的筷子偶進行全班故事的集體創作。（準備圖畫紙、剪刀、色筆、雙面膠、竹筷）	Type IV：能用筷子偶和教師與同儕合力創造一個故事。	人際內省身體動覺	
		六、讓幼兒以自己製作的筷子偶演出屬於他自己創作的故事。	Type V：以自己製作的筷子偶演出自己創作的故事。	語文身體動覺	
		七、讓幼兒彼此就演出戲劇給予口頭回饋。		人際內省	

你我他：「天下的巫婆都是一樣的？」學習單㈠

揮動魔杖，趕走恐懼

小巫師：＿＿＿＿＿＿

一、畫出我所設計的魔杖：

二、趕走恐懼的咒語

還記得老師說的故事嗎？那個畢不了業的老巫婆想要

「把春天變成冬天」，應該唸＿＿＿＿＿＿＿＿＿＿＿＿＿＿

老巫婆卻唸成＿＿＿＿＿＿＿＿＿＿＿＿＿＿＿＿＿＿＿＿

現在，讓老師再教你一些巫婆咒語：

「喚雨術」：紅雨靴、黃雨靴、藥草、臭味——下、雨、吧！

「呼風術」：打結，解開，風越吹越強；打結，解開，風越吹越強。

「記憶恢復術」：六片麻草葉，煮呀煮，喪失的記憶，變清楚。

這些只是讓你參考，現在換你為自己設計一段趕走恐懼的咒語，

並且背好，下次上課時要揮舞你的魔杖，表演給老師和同學看哦！

「趕走恐懼的咒語」＿＿＿＿＿＿＿＿＿＿＿＿＿＿＿＿＿＿

（參考《巫婆的前世今生》羅婷以著　遠流出版）

你我他：「天下的巫婆都是一樣的？」學習單(二)

我會畫巫婆

富有創作力的小朋友是：＿＿＿＿＿＿

你我他：「我是大象」學習單㈠

我是大象

我的名字：_____

我是<u>大象</u>，我不喜歡<u>照相</u>也不喜歡<u>上電視</u>，
因為_____。

我是___，我不喜歡_____，
因為_____。

我是___，我不喜歡_____，
因為_____。

我是___，我不喜歡_____，
因為_____。

你我他：「我是大象」學習單㈡

朋友和我

活潑大方的小朋友是：＿＿＿＿＿＿

閱讀繪本──班班的地盤

1. 媽媽把弟弟的嬰兒床搬到班班的房間後，班班有什麼感覺？他為什麼產生這種感覺？＿＿＿＿＿＿＿＿＿＿＿＿＿＿＿＿＿＿＿

   換成是你，你會產生什麼感覺？＿＿＿＿＿＿＿＿＿＿

2. 班班在哪裡找到他的「秘密基地」？他怎麼布置他的「秘密基地」？
   ＿＿＿＿＿＿＿＿＿＿＿＿＿＿＿＿＿＿＿＿＿＿＿

3. 班班的「秘密基地」布置完成後，他找了哪些人來和他作伴？結果呢？

   ＿＿＿＿＿＿＿＿＿＿＿＿＿＿＿＿＿＿＿＿＿＿＿

   ＿＿＿＿＿＿＿＿＿＿＿＿＿＿＿＿＿＿＿＿＿＿＿

   ＿＿＿＿＿＿＿＿＿＿＿＿＿＿＿＿＿＿＿＿＿＿＿

4. 最後是誰來陪班班玩？＿＿＿＿＿＿＿＿＿＿＿＿＿＿

5. 如果你也有一個「秘密基地」，你會怎麼布置它？畫下來：

6. 你會邀請哪些人來你的「秘密基地」裡一起玩？

   ＿＿＿＿＿＿＿＿＿＿＿＿＿＿＿＿＿＿＿＿＿＿＿

你我他：「夢幻超市 PART II」學習單

本週精選促銷商品

品名：
產品介紹：

原價：　　　　特價：

品名：
產品介紹：

原價：　　　　特價：

品名：
產品介紹：

原價：　　　　特價：

品名：
產品介紹：

原價：　　　　特價：

▶▶▶ 成長 ◀◀◀

課 程 目 標

一、培養幼兒良好的聽話態度與習慣。

二、啓發幼兒語言的潛能，增進幼兒語言的能力，逐步引導使能做有條理的表達。

三、增進幼兒閱讀、欣賞的能力。

四、透過問答和發表，培養幼兒創造想像、多元思考和問題解決的能力。

五、透過語文情意的陶冶，培養幼兒優美的情操和健全的人格。

單元名稱	教學目標	教學內容設計	問題類型	多元智能教學方法	不同能力學生課程調整方式
我長大了	一、培養討論分享的能力。 二、培養詞彙運用、文意組織等語文表達的能力。 三、培養閱讀理解的能力。	一、暖身活動——反應大考驗。 二、觀摩分享。幼兒分別展示自己所設計的秘密基地布置圖和大家分享。 三、看圖說故事——《我長大了》。（取材自《我長大了》畫者／申惠媛／作者／李銀紅／牛津家族國際出版）	Type Ⅴ：能設計秘密基地布置圖。 Type Ⅰ：能知道圖中的小女孩已經長大了。 Type Ⅱ：能說出從哪些事物的對比看出自己已經長大了。 Type Ⅳ：能根據連環圖畫，說出有條理而且充滿趣味的	視覺空間 語文 自然觀察	1.不會拼寫的幼兒，口述之後由老師幫忙書寫，或選擇自己以畫圖的方式呈現；會拼寫的幼兒可嘗試自己書寫，老師隨時提供支援。

單元名稱	教學目標	教學內容設計	問題類型	多元智能教學方法	不同能力學生課程調整方式
我長大了	四、明白「成長」是需要時間的。 五、能透過表演的形式，傳達出繪本故事裡的意思。 六、培養觀摩欣賞的能力。	四、閱讀分享——《為什麼，我長不大》（文·圖／金悠洙／樂透文化出版） 五、討論。 （DISCOVER 活動） 六、紙袋偶表演。老師根據《為什麼，我長不大》裡的角色造型分別製作紙袋偶，請識字的幼兒唸繪本《為什麼，我長不大》，老師配合扮演。 七、角色扮演——為什麼，我長不大。老師事先根據《為什麼，我長不大》裡的三位主要角色造型，分別製作頭套，再徵求三位幼兒配合書中情節表演；其他幼兒就教室內的資源，發揮創意幫忙準備道具。	故事。 Type I：能說出故事中，馬克哥哥告訴歐利，要怎樣才能長大。 Type II：能從什麼地方看出歐利長大了。 Type IV：能戴上書中角色的面具，配合繪本內容演出。		2.「閱讀分享」時，識字的幼兒可以跟著老師唸並看字發表；不識字的幼兒可以讀圖發表。 3.角色扮演時，外向活潑、身體動覺較優秀的幼兒選擇喜歡的角色表演；視覺空間好的幼兒配合準備道具和佈置情境。

單元名稱	教學目標	教學內容設計	問題類型	多元智能教學方法	不同能力學生課程調整方式
不一樣的我	一、培養討論的能力。 二、培養口語表達的能力。 三、培養語文創作的能力。	一、暖身活動——反應大考驗。 二、共同討論並製作表演的海報。（準備一張海報和麥克筆，將大家討論的「演出時間」、「演出地點」、「演出人員」……甚至「票價」、「售票處」一一記錄下來）	Type V：能共同討論並製作表演的海報。	身體動覺 語文 視覺空間 內省 人際	1.不會拼寫的幼兒，口述之後由老師幫忙書寫，或選擇自己用畫圖的方式呈現；會拼寫的幼兒可嘗試自己書寫，老師隨時提供支援。 2.「閱讀分享」時，識字的幼兒可以跟著老師唸並看字發表；不識字的幼兒可以讀圖發表。
		三、共同討論和改寫繪本，使故事的情境更適合在教室中扮演，並且增加角色讓每位幼兒都有機會上台表演。（準備一張海報和麥克筆，將大家的討論一一記錄下來）	Type IV：會共同討論和改寫繪本。	語文 視覺空間	
	四、明白「成長」除了外表的長高、長胖以外，還有很多心理上的成長。	四、閱讀繪本-——《我家有個壞好寶寶》（文・圖／巴貝柯爾／格林出版） 五、討論。（DISCOVER 活動）	Type III：能從其他行為表現看出自己已經長大了。	自然觀察 語文	

單元名稱	教學目標	教學內容設計	問題類型	多元智能教學方法	不同能力學生課程調整方式
不一樣的我		六、不一樣的我。 ㈠老師先在每一位幼兒的學習單上，分別寫上這三個月以來對他們的個別觀察與感想。 ㈡上課時一一和大家分享，也讓幼兒各自省思：比較現在的我和以前的我，有哪些不一樣的地方，我是不是進步了？ ㈢幼兒將學習單帶回，請爸媽給予回饋。	Type Ｖ：能比較現在的我和以前的我，有哪些不一樣的地方。	語文	
		七、給爸爸媽媽的悄悄話。 製作優美的學習單讓幼兒從事語文創作，先說自己是一個怎樣的寶寶，再舉一些事例來證明自己的說法。	Type Ⅳ：會依據老師指定的發表形式，舉一些事例來證明自己是一個怎樣的寶寶。	語文 內省	

單元名稱	教學目標	教學內容設計	問題類型	多元智能教學方法	不同能力學生課程調整方式
我的寶貝	一、提升口語表達能力。 二、練習從聽覺訊息中提取線索。	（請幼兒事先準備一個自己喜歡的玩具；將自己準備的玩具或收藏放在神秘袋中。） 一、我的寶貝猜一猜。 ㈠以自己的玩具或收藏為對象，請幼兒利用五官感覺說出線索。 ㈡其他幼兒依線索將答案猜出來。	Type Ⅲ：能依線索將答案猜出來。	語文 自然觀察	1.製作身分證時，鼓勵幼兒試寫。已經會拼音的幼兒讓他自行拼音，不會寫字的幼兒，則口述由教師代為書寫。
		二、辦一場「我的寶貝發表會」，請幼兒介紹自己最愛的玩具或收藏，愈完整愈好。	Type Ⅱ：能完整介紹自己最愛的玩具或收藏。	邏輯數學	
		三、以教師自己的身分證為例，檢視身分證的內容，使幼兒了解身分證的作用。 （準備圖畫紙和色筆）	Type Ⅳ：能了解身分證的作用。	語文	
	三、提供字詞仿寫機會。	四、請幼兒為自己的玩具或收藏製作一張身分證。	Type Ⅳ：能製作一張身分證。	自然觀察 視覺空間	
		五、請幼兒依據身分證的內容，完整說出該玩具或收藏的背景資料。	Type Ⅲ：能完整說出該玩具或收藏的背景資料。	內省 語文	

單元名稱	教學目標	教學內容設計	問題類型	多元智能教學方法	不同能力學生課程調整方式
分享的喜悅	一、提升口語表達能力。 二、培養聽覺理解與思考能力。	一、閱讀繪本《第一次送禮物》，並討論以下問題： (一)當媽媽買回禮物之後，小毛為什麼委屈地哭了起來？媽媽如何向小毛解釋？	Type II：能說出小毛為什麼委屈地哭了起來以及媽媽如何向小毛解釋。	語文	1.因為學生背景經驗差異很大，因此鼓勵學生由不同面向發言。
		(二)小毛拿著禮物送給阿平時，為什麼悶悶不樂？	Type III：能說出小毛拿著禮物送給阿平時，為什麼悶悶不樂。	語文	
		(三)如果你是小毛，你會不會把自己的東西當禮物送給好朋友，為什麼？	Type IV：如果你是小毛，你會不會把自己的東西當禮物送給好朋友，為什麼？	語文 內省	
		二、我們會在哪些場合送朋友禮物？並分享個人經驗。（教師事先準備筷子偶）	Type IV：能說出在哪些場合送朋友禮物並分享個人經驗。	內省 人際 語文	2.對於沒有禮物收受經驗的小孩，則模擬情境讓他設想要送他人哪些禮物。
		三、教師提出情境：在兩隻熊與小狼成為朋友以後，一天小狼生病了，由於在醫院中很無聊，希望兩隻熊將心愛的玩具或收藏借給自	Type IV：能以筷子偶發表看法。	身體動覺 語文	

單元名稱	教學目標	教學內容設計	問題類型	多元智能教學方法	不同能力學生課程調整方式
分享的喜悅		己玩。幼兒以筷子偶發表看法。 四、我們應該如何為朋友選禮物？收到不喜歡的禮物該怎麼辦？分享個人看法。 總結：成長過程中，享受分享的喜悅。	Type V：能提出如何為朋友選禮物以及收到不喜歡的禮物該怎麼辦。	語文 內省 人際	

成長：「不一樣的我」學習單㈠

不一樣的我

我的名字是：＿＿＿＿＿＿＿

成長：「不一樣的我」學習單㈡

給爸爸媽媽的悄悄話

姓名：＿＿＿＿＿＿＿

＿＿＿＿＿＿＿爸爸媽媽：

我偷偷地告訴你們哦！

我們家有一個＿＿＿＿＿＿＿寶寶。

他＿＿＿＿＿＿＿＿＿＿＿＿＿＿＿＿＿

他＿＿＿＿＿＿＿＿＿＿＿＿＿＿＿＿＿

他＿＿＿＿＿＿＿＿＿＿＿＿＿＿＿＿＿

他＿＿＿＿＿＿＿＿＿＿＿＿＿＿＿＿＿

他＿＿＿＿＿＿＿＿＿＿＿＿＿＿＿＿＿

我再偷偷地告訴你們哦！

這一個＿＿＿＿＿＿＿寶寶就是我啦！＿＿＿＿＿＿＿啦！

有這樣一個＿＿＿＿＿＿的寶寶，

你們覺得怎麼樣？＿＿＿＿＿＿＿＿＿＿＿＿＿

＿＿＿＿＿＿＿＿＿＿＿＿＿＿＿＿＿＿＿

＿＿＿＿＿＿＿＿＿＿＿＿＿＿＿＿＿＿＿

▶▶▶ 四季 ◀◀◀

課 程 目 標

一、培養幼兒良好的聽話態度與習慣。

二、啟發幼兒語言的潛能，增進幼兒語言能力，逐步引導使能做有條理的表達。

三、增進幼兒閱讀和欣賞的能力。

四、透過問答和發表，培養幼兒創造想像、多元思考和問題解決的能力。

五、透過語文情意的陶冶，培養幼兒優美的情操和健全的人格。

單元名稱	教學目標	教學內容設計	問題類型	多元智能教學方法	不同能力學生課程調整方式
四季的風貌		一、暖身活動——反應大考驗。（老師先指定某一些特性的物品做為主題，例如：可以吃的東西、圓的東西……，當老師唸到符合條件的物品時，幼兒就舉起右手；如果不是，就要把手放下。老師每週換不同的主題，課前做此活動可提振幼兒的精神，訓練幼兒集中精神）		身體動覺人際	1.「閱讀分享」時，識字的幼兒可以跟著老師唸並看字發表；不識字的幼兒可以讀圖發表。 2.不會拼寫的幼兒，口述之後由老師幫忙書寫，或選擇自己用畫圖的方式呈現；會拼寫的幼兒可嘗試自己書寫，老師隨時提供支援。

開發智能‧解決問題

單元名稱	教學目標	教學內容設計	問題類型	多元智能教學方法	不同能力學生課程調整方式
四季的風貌	一、認識四季的不同風貌。 二、了解四季循環的自然現象。 三、培養分析和歸納的能力。 四、培養討論及口語表達的能力。	二、認識四季——圖片分類。 （蒐集各種景物和各種天氣型態的圖片，讓幼兒做四季分類活動，藉以認識四季。） 三、看圖說故事——〈春、夏、秋、冬〉。 （取材自《大魚吃小魚》畫者／申惠媛／作者／李銀紅／牛津家族國際出版） 四、四季的異想世界。 透過對「如果春天不來」、「如果夏天不來」、「如果沒有秋冬，只有春夏」、「如果每個季節都只有一個月，一年有三次春、夏、秋、冬」……的想像與討論，讓幼兒了解四季循環的自然現象，並能體會自然的規則。	Type I ：能說出一年中有哪四季。 Type II ：能分辨圖片中的景物或天氣型態是屬於哪一個季節，並做分類。 Type III ：能由圖片分析歸納出春、夏、秋、冬四季的不同特徵。 Type IV ：能根據連環圖畫，說出有條理而且充滿趣味的故事。 Type V ：能想像四季的異想世界： 1.如果春天不來。 2.如果夏天不來。 3.如果秋天不來。 4.如果冬天不來。 5.如果沒有秋冬，只有春夏。 6.如果每個季節都只有一個月，一年有三次春、夏、秋、冬。	語文 自然觀察 自然觀察	

單元名稱	教學目標	教學內容設計	問題類型	多元智能教學方法	不同能力學生課程調整方式
四季的風貌	五、認識「屏風書」並嘗試創作。	五、四季遊戲——討論可以分別在四季中遊玩的遊戲，並合作製成四季遊戲的小書。（每個主題活動之後，如果能以創作小書做壓軸，必能提高幼兒的成就感和閱讀樂趣，所以，本學期每週活動內容，都將試著和幼兒一起製作成一本小書。小書製作技巧可參考《手工書55招》／王淑芬著／作家出版社出版）	TypeⅣ：能想出在春、夏、秋、冬四個不同季節中玩耍的遊戲。 TypeⅤ：和同學合作製成「四季遊戲」的小書。	視覺空間	

單元名稱	教學目標	教學內容設計	問題類型	多元智能教學方法	不同能力學生課程調整方式
四季的形容	一、了解四季循環的自然現象。 二、培養豐富的想像力。 三、培養討論及口語表達的能力。 四、認識名詞和形容詞。 五、學會用優美的形容詞來傳達出對四季的感覺。 六、認識「八格書」並嘗試創作。	一、暖身活動——反應大考驗。 二、看圖說故事——春、夏、秋、冬。 三、四季的異想世界——了解四季循環的自然現象。 四、閱讀分享——《語言圖鑑2：有趣的形容詞》。（五味太郎著／信誼出版） 五、討論：（DISCOVER活動）	Type IV：能根據連環圖畫，說出有條理而且充滿趣味的故事。 Type V：想像四季的異想世界： 1.如果春天不來 2.如果夏天不來 3.如果秋天不來 4.如果冬天不來 Type II：什麼是「形容詞」？ Type III：你最喜歡書中的哪一個形容？說出你的感覺。 Type IV：請你也用各式各樣的形容詞，來分別形容春、夏、秋、冬四個不同的季節。 Type V：合作一本形容四季的小書。	身體動覺 語文人際 自然觀察 語文內省 語文 視覺空間	1.不會拼寫的幼兒，口述之後由老師幫忙書寫，或選擇自己用畫圖的方式呈現；會拼寫的幼兒可嘗試自己書寫，老師隨時提供支援。 2.「閱讀分享」時，識字的幼兒可以跟著老師唸並看字發表；不識字的幼兒可以讀圖發表。 3.幼兒可自由選擇是否要自己創作一本形容四季的小書。

單元名稱	教學目標	教學內容設計	問題類型	多元智能教學方法	不同能力學生課程調整方式
四季圖像詩	一、認識「圖像詩」。 二、培養發現問題並能解決問題的能力。 三、透過「圖像詩」，細膩地感受這個有情的四季。 四、透過「圖像詩」，體會中國文字的美感及趣味性。 五、了解童詩運用擬人化、譬喻、排比的創作技巧。 六、培養語文創作能力。 七、培養豐富的想像力。	一、瀏覽詩集《文字森林海》。 （林世仁著／虫二閱讀文化出版） （不看題目、不看詩的內容，光看到這些詩的造型，讓幼兒猜出這是一首描寫什麼的詩） 二、走「文字迷宮」。 （詩集的最中間兩頁，詩人林世仁設計了一個走不到出口的迷宮，影印給每位幼兒，徵詢解答者，會有幼兒發現此迷宮無論如何都是死路一條，此時，再讓幼兒各自想出一個遊戲規則，讓大家可以順利的走出迷宮） 三、欣賞有趣的「圖像詩」。 ㈠春天來了。 ㈡邀請。 ㈢毛毛蟲。 ㈣夏夜數學題。 ㈤螞蟻寫給冰棒的情詩。 ㈥風。	一、春天來了 TypeⅠ：能透過這首詩，知道春來了會有哪些不一樣的景象。 TypeⅡ：能說出春來了，「溫度計就長高了」、「人就瘦了」。 TypeⅢ：能說出這首詩用到的修辭技巧。 TypeⅣ：這首詩連用了三段「排比」，能為它再加上第四段、第五段。 二、邀請 TypeⅡ：能說出詩中「長頸鹿」三個字用的修辭技巧。 TypeⅢ：詩中「小螞蟻請長頸鹿趴下來聞草地上的花」，你想，在春天裡還可以有哪些美麗的邀請？	語文 語文 自然觀察 語文 視覺空間	1.做成經驗圖表，幼兒發表後由老師幫忙書寫；會拼寫的幼兒可嘗試自己書寫，老師隨時提供支援。

單元名稱	教學目標	教學內容設計	問題類型	多元智能教學方法	不同能力學生課程調整方式
四季圖像詩		（取材自《文字森林海》林世仁著／虫二閱讀文化出版） 三、討論。 （DISCOVER 活動） 四、將幼兒的各項「續寫」、「擴寫」、「仿作」及想像發表製作成小書——童言童語集。 五、角色扮演。 「邀請」、「毛毛蟲」、「風」這三首詩可製作簡單的道具，讓幼兒表演。	三、毛毛蟲 Type Ⅱ：為什麼毛毛蟲要用這樣的形狀來呈現？ Type Ⅲ：詩中，作者怎麼表現出毛毛蟲「好餓」和「好飽」的感覺？ 四、夏夜數學題 Type Ⅰ：能為詩中的螢火蟲做比喻。 Type Ⅱ：每個比喻的上面都有一個形容詞，能逐一說明為什麼要用這個形容詞。 Type Ⅲ：能說出最喜歡的比喻。說明喜歡它的原因。 Type Ⅳ：能仿作：夏夜數學題——星星篇。 五、螞蟻寫給冰棒的情詩 Type Ⅰ：能形容詩中的「冰棒」。 Type Ⅱ：還可以給「冰棒」哪些	語文 語文 語文	2.角色扮演時，外向活潑、身體動覺強的幼兒可選擇喜歡的角色表演；視覺空間好的幼兒配合準備道具、布置情境。

單元名稱	教學目標	教學內容設計	問題類型	多元智能教學方法	不同能力學生課程調整方式
四季圖像詩			形容？ 六、風 Type I：能寫出詩中的風。 Type II：能說出風可以怎麼吹。 Type III：會幫這些風依春、夏、秋、冬來分類。 Type IV：擴寫：會在適當的位置加上「熱熱地吹」、「颼颼地吹」等段落。	語文	

單元名稱	教學目標	教學內容設計	問題類型	多元智能教學方法	不同能力學生課程調整方式
我的地圖書	一、培養閱讀理解的能力。 二、培養討論及口語表達的能力。 三、培養綜合運用的能力。 四、培養細膩的觀察力。 五、會畫「我的地圖書」。	一、閱讀分享——《我的地圖書》。（文‧圖／莎拉‧方納利／譯／趙映雪／上誼出版）	Type I ：會在《我的地圖書》中畫「地圖」。 Type II ：能根據這些地圖，想出「地圖」有幾種畫法。 Type III ：能說出最喜歡書中哪一幅地圖並說明原因。	語文 內省 人際	1.「閱讀分享」時，識字的幼兒可以跟著老師唸並看字發表；不識字的幼兒可以讀圖發表。 2.不會拼寫的幼兒，口述之後由老師幫忙書寫，或選擇自己用畫圖的方式呈現；會拼寫的幼兒可嘗試自己書寫，老師隨時提供支援。 3.幼兒可自由選擇是否要自己創作一本形容四季的小書。（做「八格書」或「屏風書」皆可）
		二、魔法書衣變裝秀。 ㈠觀察書衣，回答問題。 ㈡在書衣地圖中尋找寶藏。	Type I ：能說出書衣地圖中有幾隻狗，幾棵樹，幾座橋，幾輛腳踏車。	自然觀察	
		三、合作繪製「四季地圖」。（準備大海報紙及彩色筆） 四、創作「我的地圖書」。 ㈠老師先替每位幼兒折好一本「八格書」，或者幼兒要自己做「屏風書」。 ㈡幼兒除了自行設計封面、封底外，各自選定六個主題，分別畫在	Type II ：「我來說，你來找」，能根據老師的描述，在書衣地圖中尋找寶藏。 Type IV ：合作繪製「四季地圖」。 Type V ：設計「我的地圖書」。	視覺空間 人際	

單元名稱	教學目標	教學內容設計	問題類型	多元智能教學方法	不同能力學生課程調整方式
我的地圖畫		自己的「地圖書」上。 ㈢未完成的部分回家繼續完成，由老師或家長引導發表，並為幼兒──做「作品說明」，下週一起做發表、欣賞。			

四季：「四季的形容」學習單

四季的形容

　　幼兒，我們今天看了五味太郎的《語言圖鑑》，學到好多很有趣的形容詞，可不可以告訴我們一些你覺得很有意思的形容：

_____　　_____

_____　　_____

_____

現在也請你像五味太郎一樣，為春、夏、秋、冬想一些有意思的形容，可以嗎？

四季：「四季圖像詩」學習單

四季詩選

一、讓我們先來欣賞幾首描寫四季的童詩。

二、DISCOVER 活動：

1. 寫詩的時候，詩人常常會用一些「修辭技巧」來使詩句更活潑、更優美，他們最常用的「修辭技巧」有「譬喻」、「擬人」、「排比」，讓我們先來認識這三種修辭技巧。

2. 請你分別從這些詩中找出有「譬喻」、「擬人」、「排比」的地方，並且分別用不同顏色畫下來。

3. 你最喜歡哪一首詩？＿＿＿＿＿＿＿＿＿＿＿＿＿＿＿＿＿＿＿＿
為什麼你最喜歡這首詩？＿＿＿＿＿＿＿＿＿＿＿＿＿＿＿＿＿＿

4. 仿作：　　　　　　〈風的故事〉
春風在我臉上＿＿＿＿＿＿地吹，好像在說：
「＿＿＿＿＿＿＿＿＿＿＿＿＿＿＿＿＿＿＿＿＿＿」

夏風在我頭上熱熱地吹，好像在說：
「＿＿＿＿＿＿＿＿＿＿＿＿＿＿＿＿＿＿＿＿＿＿」

秋風在我髮上＿＿＿＿＿＿地吹，好像在說：
「＿＿＿＿＿＿＿＿＿＿＿＿＿＿＿＿＿＿＿＿＿＿」

冬風在我身上＿＿＿＿＿＿地吹，好像在說：
「＿＿＿＿＿＿＿＿＿＿＿＿＿＿＿＿＿＿＿＿＿＿」

▶▶▶ 節慶 ◀◀◀

課程目標

一、培養幼兒良好的聽話態度與習慣。

二、啟發幼兒語言的潛能，增進幼兒語言能力，逐步引導使能做有條理的表達。

三、增進幼兒閱讀、欣賞的能力。

四、透過問答、發表，培養幼兒創造想像、多元思考和問題解決的能力。

五、透過語文情意的陶冶，培養幼兒優美的情操和健全的人格。

單元名稱	教學目標	教學內容設計	問題類型	多元智能教學方法	不同能力學生課程調整方式
歡天喜地過新年	一、體驗傳統過年的熱鬧和喜氣。 二、學習拼注音符號，並且會找出同音字。 三、了解過年飲食的特殊意義。 四、明白每一個「吉祥話」、「成語」的意思。 五、了解「年」和「十二生	一、發表、欣賞 ── 我的地圖書。 二、他們在做什麼？找到十張左右有關春節活動的圖片，讓幼兒先看圖說出春節習俗，再依習俗活動的先後排出順序。 三、吉祥話。 ㈠呈現過年食物，讓幼兒嘗試標出注音。 ㈡分別找出同音字。 ㈢透過討論讓幼兒明白每一個「吉	Type II：請你根據這些圖片，說出春節習俗。 Type III：請你根據習俗活動的先後，將這些圖片排出正確的順序。 Type I：能說出過年時，媽媽會準備的食物。 Type II：能為這些食物標上注音符號。 Type III：能分別找出	語文 邏輯數學 人際 語文	1.不會拼寫的幼兒，口述之後由老師幫忙書寫，或選擇自己用畫圖的方式呈現；會拼寫的幼兒可嘗試自己書寫，老師隨時提供支援。

單元名稱	教學目標	教學內容設計	問題類型	多元智能教學方法	不同能力學生課程調整方式
歡天喜地過新年	肖」的關係。	祥話」的意思。 ㈣「食物」和「吉祥話」連連看。 （魚→年年有餘 蘋果→平平安安 橘→大吉大利 水餃→財源滾滾 年糕→步步高昇） 四、過年裡最快樂的事。 給每位幼兒一張紙、一盒彩色筆，讓幼兒分別畫出他認為過年期間最快樂的一件事，老師引導發表，並替幼兒寫上「作品說明」，最後做發表、欣賞。 五、雞年如意拳、雞年成語操。 ㈠認識十二生肖和雞的成語。 選擇幼兒容易理解的成語，如：金雞獨立、雞同鴨講、聞雞起舞、雞犬不寧、鶴立雞群、雞鳴狗盜等，製成成語圖卡，透過圖卡解說，幼兒就更容易理解。	同音字。 TypeⅣ：能說出每一個「吉祥話」的意思。 TypeⅤ：能創作——過年裡最快樂的事。 TypeⅠ：請說出十二生肖。 TypeⅡ：你在十二生肖中屬什麼？今年是什麼年？	視覺空間	2.富於創意的幼兒可發揮創意，自創動作，表演十二生肖的成語。

單元名稱	教學目標	教學內容設計	問題類型	多元智能教學方法	不同能力學生課程調整方式
歡天喜地過新年		㈡教幼兒玩雞年如意拳。 (二人一組，左手向上，邊唸「我家的我家的我家切」邊用右手輕拍對方的左手，唸完「我家的我家的我家切」之後，雙方猜拳，然後各比雞的動作──公雞雙手放頭上、母雞雙手放屁股後面、小雞雙手放兩邊腰際──輸的人若動作和贏的人相同，遊戲再從頭來) ㈢老師表演動作，讓幼兒說出雞的成語。 ㈣幼兒自創動作，表演雞的成語。	TypeⅢ：1.學會玩雞年如意拳。 2.能分辨出老師所表演的動作是哪一個成語。 TypeⅤ：能設計雞的成語動作，並且表演出來。	身體動覺	

單元名稱	教學目標	教學內容設計	問題類型	多元智能教學方法	不同能力學生課程調整方式
西方節慶──復活節	一、認識復活節的由來、意義和活動。 二、培養討論及口語表達的能力。 三、培養閱讀理解的能力。 四、培養誠實和勇於負責的情操。	一、暖身活動──反應大考驗。 二、復活節的由來、意義和活動。（討論、分享） 三、閱讀分享──《復活節兔子的寶寶》（Udo Weigh 著／李美華譯／九童國際文化出版） 四、討論。（DISCOVER 活動） 五、彩繪復活蛋。（老師為每位幼兒準備一個帶殼的水煮蛋和一盒色鉛筆，讓幼兒彩繪復活蛋） 六、迷宮遊戲──幫小雞找到媽媽。（迷宮遊戲由老師自行設計） 七、設計迷宮。（給每位幼兒一張紙、一盒色鉛筆，讓幼兒分別設計迷宮讓同學玩）	Type I ：能說出「復活節兔子的寶寶」的故事內容。 Type II ：能說出故事中有哪些動物。 Type III ：能給「布穀鳥」和「喜鵲」建議。 Type IV ：能說出讀了這個故事的感想。 Type II ：走迷宮──能幫小雞找到媽媽。 Type IV ：能彩繪復活蛋。 Type V ：能設計迷宮。	身體動覺 語文 語文 內省 邏輯數學 視覺空間 邏輯數學	1.「閱讀分享」時，識字的幼兒可以跟著老師唸並看字發表；不識字的幼兒可以讀圖發表。 2.擅長邏輯思考的幼兒可以設計一個迷宮遊戲來讓其他同學走。

99

開發智能‧解決問題

單元名稱	教學目標	教學內容設計	問題類型	多元智能教學方法	不同能力學生課程調整方式
元宵樂猜謎	一、培養生活觀察的能力。 二、培養組織、歸納與表達能力。	一、閱讀繪本《元宵節的故事》。 ㈠教師在閱讀同時，對照插圖，貼上相對應的詞卡。 ㈡請幼兒將拆下的詞卡貼回原來的插圖上。 ㈢提問：「這是在講哪一個節日的由來？」 ㈣提問：「由哪些線索得知這是元宵節的故事？」 二、元宵節的習俗——師生共同翻閱《台灣小百科——元宵節》。 ㈠由幼兒選擇一張照片請老師說明。 ㈡請幼兒選擇數張照片嘗試說明。（可陳述相關經驗） 三、猜謎遊戲。 ㈠教師出題供幼兒猜謎。 ㈡師生共同練習出題。 ㈢請幼兒自訂題目，出謎題給其他同學猜。	Type I：能識得繪本的提問。 Type II：能回答繪本的提問。 Type III：能根據元宵小百科進行和元宵節相切合的討論。 Type II：能夠回答老師提供的謎語。 Type IV：能創造出自己的謎語。	自然觀察 語文 邏輯數學 語文	1.閱讀時，識字幼兒讓他有機會指認字，讀出聲音來。不識字幼兒鼓勵他嘗試或由圖片尋找線索。 2.由識字的同學輪流唸出聲音，帶大家讀。 3.依幼兒能力的不同，選擇不同的題目。並對猜不出答案的幼兒給予額外的提示。

單元名稱	教學目標	教學內容設計	問題類型	多元智能教學方法	不同能力學生課程調整方式
台灣節慶總動員	一、培養閱讀（聽覺）理解能力。 二、培養語文表達能力。	一、台灣的節慶。 （準備社會科多媒體教材——台灣民俗節慶，由陳淑芸與陳威仰製作：節慶字條、剪刀、膠水、鉛筆、筆記型電腦） ㈠請幼兒列舉台灣的節慶。 ㈡請幼兒為重要節慶填上日期，並依照先後順序排列黏貼。 ㈢請幼兒從上述重要節慶中挑選一個，說出它的習俗。 ㈣比對電腦螢幕中出現的內容，統計答對的次數。 ㈤舉行台灣節慶大考驗：由幼兒閱讀或聆聽題目作答。 二、歡樂跳跳兔。 ㈠請幼兒依照電腦螢幕線索回答相應的節日與相關習俗。 ㈡憑藉手眼的協調控制進行遊戲。	Type II：能正確排出節慶日期的順序。 Type III：能說出節慶的習俗。 Type I：能運用電腦創造出跳跳兔。	自然觀察 邏輯數學語文 語文自然觀察 語文	1.用提示卡的方式，對無法主動想出節慶的幼兒，做一些線索。（可以是日期或活動的圖片） 2.儘量使用光學滑鼠，使手眼協調較差的幼兒可以順利進行活動。

單元名稱	教學目標	教學內容設計	問題類型	多元智能教學方法	不同能力學生課程調整方式
台灣節慶總動員		三、一起放天燈。 （一）請幼兒依照電腦螢幕線索回答相應的節日與相關習俗。 （二）請幼兒提出三十到四十字的願望，先寫在紙上天燈，再親自或由老師輸入電腦天燈中。 四、過節。 提問：「如果可以天天過節，你希望過什麼節日？為什麼？」	Type Ⅴ：能夠寫下天燈的願望。	語文	3.會拼音的幼兒可以讓他試著自己用拼音的方式輸入電腦。

節慶：「歡天喜地過新年」學習單㈠

雞的成語

雞鳴狗盜
ㄐㄧ ㄇㄧㄥ ㄍㄡˇ ㄉㄠˋ
1. 比喻卑微的小技術。
2. 指不成器的人。
〈如果不學好，專做雞鳴狗盜的事情，就危害社會了。〉

雞同鴨講
ㄐㄧ ㄊㄨㄥˊ ㄧㄚ ㄐㄧㄤˇ
各說各話。
〈我問你怎麼能了沒有，你卻告訴我劉墉山很好玩，我們兩個人真是雞同鴨講。〉

殺雞取卵
ㄕㄚ ㄐㄧ ㄑㄩˇ ㄌㄨㄢˇ
出自《伊索寓言》
為了得到雞蛋，不惜殺掉雞，比喻只顧貪圖眼前的好處而損壞長久的根本利益。
〈為了開服飾店大賺錢，竟把一片樹林砍光，這就是一件殺雞取卵的蠢事。〉

聞雞起舞
ㄨㄣˊ ㄐㄧ ㄑㄧˇ ㄨˇ
聽到雞叫，就起床舞劍，刻苦練劍。
指有志為國效力的人奮發自勵。
〈康樂雖然不一定要像祖逖一樣聞雞起舞，但也不可以賴床。〉

節慶：「歡天喜地過新年」學習單㈡

過年裡最快樂的事

我最快樂的事

節慶：「西方節慶」學習單

西方節慶

姓名：＿＿＿＿＿＿＿

復活節兔子的寶寶

一、我知道《復活節兔子的寶寶》故事中的意思。

二、故事中一共有哪些動物？＿＿＿＿＿＿＿＿＿＿＿

三、你想要給「布穀鳥」和「喜鵲」什麼建議嗎？

　　＿＿＿＿＿＿＿＿＿＿＿＿＿＿＿＿＿＿＿＿＿

四、請你說出讀了這個故事的感想：

　　＿＿＿＿＿＿＿＿＿＿＿＿＿＿＿＿＿＿＿＿＿

五、設計一個迷宮遊戲。

節慶：「台灣節慶總動員」學習單㈠

元宵節

一、你知道元宵節是什麼時候嗎？農曆（　　）月（　　）日。

二、元宵節不論大人小孩都會吃（　　　　　）。

三、請你出兩題謎語給老師和同學猜一猜吧！

題目：

1.＿＿＿＿＿＿＿＿＿＿＿＿＿＿＿＿＿＿＿＿＿

＿＿＿＿＿＿＿＿＿＿＿＿＿＿＿＿＿＿＿＿＿

2.＿＿＿＿＿＿＿＿＿＿＿＿＿＿＿＿＿＿＿＿＿

＿＿＿＿＿＿＿＿＿＿＿＿＿＿＿＿＿＿＿＿＿

四、請你將元宵節的代表物品或是元宵節的景象畫下來，並用你的話描述一下。

節慶：「台灣節慶總動員」學習單㈡

放天燈求好運

（在天燈裡畫／寫下我的願望）

簽上我的大名　天燈會幫我把願望帶到天上

姓名：＿＿＿＿＿日期：＿＿年＿＿月＿＿日

▶▶▶ 家庭 ◀◀◀

課程目標

一、培養幼兒良好的聽話態度與習慣。

二、啓發幼兒語言的潛能，增進幼兒語言能力，逐步引導使能做有條理的表達。

三、增進幼兒閱讀、欣賞的能力。

四、透過問答、發表，培養幼兒創造想像、多元思考和問題解決的能力。

五、透過語文情意的陶冶，培養幼兒優美的情操和健全的人格。

單元名稱	教學目標	教學內容設計	問題類型	多元智能教學方法	不同能力學生課程調整方式
我的媽媽不麻煩	一、培養敏銳的觀察能力。 二、促進多元的思考觀點。	一、閱讀繪本《我的媽媽真麻煩》。 ㈠閱讀文章，並找出插圖中相應的人物，說出故事細節。 ㈡請幼兒為圖卡排序，重述故事內容。 ㈢提問：「為什麼故事中的小朋友覺得他的媽媽很麻煩？舉出三項他的媽媽奇怪的地方。」 二、我的媽媽不麻煩。 ㈠提問：「哪些時候你會覺得媽媽很麻煩？」	TypeⅢ：能回答故事裡的推論性問題。 TypeⅢ：能舉出三項他的媽媽奇怪的地方。	語文 自然觀察 邏輯數學 人際	1.閱讀時，讓識字的幼兒有機會指認字並讀出聲音來。不識字幼兒則鼓勵他嘗試或由圖片尋找線索。 2.讓幼兒有輪流回答的機會，特別是較安靜的幼兒可以由老師指定發言。 3.會拼音的幼兒可以讓他自己拼音完成自己想說的話，也可由幼兒口述老師代筆。

單元名稱	教學目標	教學內容設計	問題類型	多元智能教學方法	不同能力學生課程調整方式
我的媽媽不麻煩		㈠追問：「媽媽真的很麻煩嗎？」 ㈡提問：「媽媽為你做的事有哪些？」（準備卡片紙、畫卡片用的美勞用具、小巧裝飾品） 三、神秘的母親節禮物。設計一個母親節禮物給媽媽，並寫下想對媽媽說的話，讓她感到很高興。（請家長收到禮物後，寫一張小紙卡回饋給幼兒）	Type V：能說出自己媽媽特別的地方。 Type V：能設計一份給媽媽的禮物。	人際 自然觀察 視覺空間	

單元名稱	教學目標	教學內容設計	問題類型	多元智能教學方法	不同能力學生課程調整方式
超級夢想家	一、培養良好的傾聽態度與習慣。 二、增進口語表達的適當性與條理性。 三、增進繪本閱讀與欣賞的能力。 四、培養創造想像與多元思考的能力。	一、拼圖遊戲。 （依幼兒人數準備著名建築的拼圖、四開書面紙二張、膠水、色筆） ㈠提問：說出世界上三個有名的建築物。 ㈡提供建築物的拼圖各二份，供幼兒拼貼。 ㈢這二個建築的特色是什麼？ ㈣提問：最喜歡的建築是什麼？為什麼喜歡？ ㈤為自己喜歡的建築塗上顏色。 二、閱讀繪本《橘色奇蹟》。 （準備《橘色奇蹟》繪本及詞卡數張） ㈠教師在閱讀同時，對照插圖貼上相對應的詞卡。 ㈡請幼兒將拆下的詞卡貼回原來的插圖上。 ㈢請幼兒輪流接力再說一次故事。	Type Ⅱ：能拼出建築物。 Type Ⅲ：能用適當的形容詞形容建築物。 Type Ⅰ：幼兒輪流接力說故事。	邏輯數學 視覺空間 自然觀察 語文 語文	1.若幼兒回答不出來，可提供世界上著名建築物的圖片提示。 2.在輪流接力時，對無法獨立完成的幼兒提供適當的語句做為提示。

單元名稱	教學目標	教學內容設計	問題類型	多元智能教學方法	不同能力學生課程調整方式
超級夢想家		三、思考與創作。《橘色奇蹟》中，每一個鄰居都把自己的房子改成自己想要的模樣，請幼兒也創作出自己理想的房子。	Type Ⅴ：創作出自己理想房子。	內省 視覺空間	3.可請幼兒口頭發表或利用文字說明自己房子的特色。

單元名稱	教學目標	教學內容設計	問題類型	多元智能教學方法	不同能力學生課程調整方式
為童詩謎語找家人	一、培養童詩創作的能力。 二、培養豐富的想像力。	一、童詩天地。 （準備童詩繪本：《林良的看圖說話》林良，1997。台北，國語日報社：大羚羊圖片） ㈠觀察大羚羊圖片，討論牠的特色。 ㈡閱讀童詩，對照上述特色。 ㈢請幼兒獨立朗讀或逐句跟讀。 ㈣分別請幼兒在被選答案中選擇一個主題，並發表其特徵。 ㈤請幼兒在被選答案中取捨與主題相關的句子。 ㈥請幼兒分別將上述句子重新組合起來，貼在作業單中。 ㈦請幼兒共同決定與家有關的題目，發表特徵，並創作一首童詩。 二、謎題謎底一家親。 ㈠提供一則謎語供幼兒猜謎，並以線索指引。 ㈡分別請幼兒選擇一個主題，在被選答案中取捨與	Type Ⅰ：能討論羚羊的特色。 Type Ⅲ：能選擇一個主題，發表其特徵。 Type Ⅳ：能將句子重新組合起來。 Type Ⅲ：能將句子適當排列，貼在作業單中。	自然觀察語文 自然觀察語文 自然觀察語文 語文	1.識字幼兒可鼓勵他獨立完成，不識字的幼兒可先由老師念，幼兒跟讀的方式，讓幼兒找出句子的順序。 2.教師可引導具有領導才能的幼兒逐項提出應該討論的主題。 3.特別引導較安靜的幼兒進行發表，完成童詩後，可由識字幼兒帶大家朗讀。

單元名稱	教學目標	教學內容設計	問題類型	多元智能教學方法	不同能力學生課程調整方式
為童詩謎語找家人		主題相關的句子加以適當排列，貼在作業單中。 ㈢討論前述主題的特色以及答案。 ㈣另外提供題目，請幼兒根據線索猜想答案。	Type II：能根據線索猜想答案。	自然觀察 邏輯數學	

▶▶▶ 學生作品範例 ◀◀◀

單元名稱	問題類型／內容	作品名稱	作品照片	作品說明／評述
形形色色──形形色色真有趣	Type V：會利用形狀和顏色組合成一個有意思的圖形，並且能清晰地傳達自己的意思，教其他同學跟著自己畫。	請你跟我畫		課堂上的時間有限，無法讓每一位幼兒都有機會當領袖，所以我們設計學習單讓幼兒回家當領袖，和家人玩「請你跟我畫」的遊戲，一方面滿足幼兒的領導慾，另一方面讓家長參與幼兒的學習，增加親子互動。這是 C 生和媽媽的遊戲。

單元名稱	問題類型／內容	作品名稱	作品照片	作品說明／評述
形形色色──夢幻超市ＰＡＲＴⅡ	Type Ⅰ：利用常見的超市宣傳單幫助幼兒了解促銷的方式。	宣傳單		對於一些特殊的名詞，老師會在黑板上寫下對應的關係並做說明，一方面幫助幼兒理解這些複雜概念的語詞，一方面也協助幼兒建立音與字的關連性。透過一點點的示範，幼兒很快地就理解促銷的目的和概念，在設計促銷單時，幼兒們總能把握住大概念，促銷自己的夢幻商品。
	Type Ⅳ：能為某一類物品寫下特色及價錢。	糖果促銷單		E生在為糖果命名時，充分掌握了名字的特色。蝸牛糖軟軟的；糖果樹的造型和顏色就像是樹一樣；飛飛糖因為會飛所以要用力抓住才吃得到。E生把對於糖果的介紹說得活靈活現，可以看出他豐富的想像力。

單元名稱	問題類型／內容	作品名稱	作品照片	作品說明／評述
你我他──天下的巫婆都是一樣的？	Type Ⅴ：設計魔杖與咒語。	設計的魔杖		F生所設計的魔杖是「愛情魔法棒」，巫婆利用它來讓她看上的人喜歡她。當我聽著F生介紹他的設計時，不禁想到《聯合報》上看到的報導：美國軍方曾考慮研發「催情同性戀化學彈」，就是要用強烈春藥催情的化武，讓敵營春心蕩漾，普遍出現同性戀行為……。F生的想法和這些軍事專家的想法，不是有異曲同工之妙嗎？
		大家設計的咒語		這是幼兒分別設計出來的咒語。小朋友紛紛請出心目中最勇敢的人來助陣，在D生的心目中，最勇敢的人還是爸爸！C生今天請假，沒有參加這個活動，實在可惜。

開發智能・解決問題

單元名稱	問題類型／內容	作品名稱	作品照片	作品說明／評述
你我他──天下的巫婆都是一樣的？	Type Ⅴ：畫出想像中的巫婆，並且清楚地做描述，和同學討論巫婆的長相。	我會畫巫婆		B生畫出正在騎掃把飛行的巫婆，特別的是B生還細膩地畫出巫婆的寵物──蜘蛛、老鼠和青蛙；更獨到的是B生用彎彎的月亮提醒大家：巫婆的活動時間在深夜或清晨，在白天是看不到巫婆的。
		我會畫巫婆		發表時，C生獨排眾議地告訴大家：我的巫婆不會吃小朋友的手指頭，她和我吃一樣的東西。發表的過程細膩生動、想法溫馨可愛，能引發同學的討論與迴響。

單元名稱	問題類型／內容	作品名稱	作品照片	作品說明／評述
你我他──天下的巫婆都是一樣的？	Type V：畫出想像中的巫婆，並且清楚地做描述，和同學討論巫婆的長相。	我會畫巫婆		D生畫的這個巫婆還好心沒好報呢！她好心地告訴士兵：「在這棵大樹的根部有寶藏。」士兵以為巫婆騙他，竟然先下手為強，用吸馬桶的用具吸住巫婆尖尖的鼻子。……D生的表達經常是像這樣具有故事性與獨創性，用語也都有超齡的表現，如：好心沒好報、先下手為強。
		我會畫巫婆		E生所畫的巫婆「戴著彩虹帽子、穿著彩虹衣服，高高興興地去郊遊。」幼兒十分天真，上課開始老師提到巫婆時，紛紛說：「哦！巫婆好可怕啊！」但是，他們所畫出來的巫婆卻都這麼高興善良。

單元名稱	問題類型／內容	作品名稱	作品照片	作品說明／評述
你我他——我是大象	Type V：你會如何布置屬於你個人的「秘密基地」？如果你只能獨處時，你會玩什麼遊戲？	我的秘密基地		F生會在這個屬於她個人空間的地板上，鋪一床棉被當做地毯，裡面有釣魚的玩具，還有一塊黑板可以畫。當她一個人時，可以自己畫黑板玩；也可以一個人玩釣魚的遊戲。
		我的秘密基地		G生的秘密基地裡有一套打鼓用具，有足球、小熊，還有卡車。當他一個人時，他會把小熊塞進卡車裡，然後載它「環遊世界」；或和小熊打鼓。注意到 G 生的遊戲表現方式嗎？當老師說：「請把你一個人獨處時所玩的遊戲畫下來」時，G生馬上說：「你也可以不必畫，就自己一個人玩，再請媽媽照下來、貼上去」G生經常是像這樣表現出獨特的變通性。

單元名稱	問題類型／內容	作品名稱	作品照片	作品說明／評述
你我他——我是大象	Type V：你會如何布置屬於你個人的「秘密基地」？如果你只能獨處時，你會玩什麼遊戲？	我的秘密基地		H生的圖很簡單，但他一開口說明，就讓大家感受到他的內涵有多豐富了。H生說：「我的屋子裡有三個驚嘆號，表示只要走進我的秘密基地，你會充滿驚喜……這是我爸媽的房間，哪有房子會沒有爸媽房間的？……」聽到這樣老練的用語，我們真是「充滿驚喜」。
你我他——娃娃說故事	Type V：自己製作筷子偶創作屬於自己的故事。	小女孩的故事		I生的筷子偶表情非常豐富，表達他們在故事角色中所應該透露的情感，演戲時搭配她豐富聲音表情，聽眾很快地就可以了解她所要表達的。特別是為了配合劇情需要，I生還創作了兩個不同的場景來表達故事的進行。

開發智能‧解決問題

單元名稱	問題類型／內容	作品名稱	作品照片	作品說明／評述
成長──我的寶貝	Type Ⅴ：為自己的玩具製作一張身分證。	N生的寶貝		有別於老師所做的示範是條列式的，N生自己想到可以以短文寫下對於心愛寶貝的介紹。短文雖然不長，但是文意暢達通順，甚至運用了標點符號。對於會寫的字N生以國字表達（小花），其他的則用拼音呈現，除了少數拼音不完全正確外，拼音正確率幾乎達到九成。五歲的 N 生寫短文的功力至少有小二的水準。
	Type Ⅴ：為自己的玩具製作一張身分證。	O生的寶貝		O生的作品一向充滿文字說明。這是因為 O 生是個凡事要求精準的孩子，他不但善於口語表達，且覺得自己的意見很重要。所以他總是要求老師要按照他所說的，一個字一個字地寫下來，不可以改任何一字。有時為了確保自己的話被記錄，O生會拿著老師所寫下的字，去找識字的第三者確認，他會要求要唸出來，看看老師有沒有漏了什麼字。而由於O生對於英文的喜愛和天分，在他的語文作品中，也常常出現他親筆寫下的英文字。

單元名稱	問題類型／內容	作品名稱	作品照片	作品說明／評述
四季──四季的形容	Type II：畫出樹的四季變化。	樹的四季變化		P生著眼於四季樹葉的顏色變化，除了冬季的樹光禿禿以外，春天的樹葉是嫩嫩的綠色，夏天的樹葉是墨綠色，秋天的樹葉漸漸變黃了。
		樹的四季變化		Q生除了著眼於四季樹葉的顏色變化以外，還觀察到春、夏有綠色的小草，草地上會開著小花；秋天連草都變黃了。

單元 名稱	問題類型 ／內容	作品 名稱	作品照片	作品說明／評述
四季──四季的形容	Type Ⅱ： 畫出樹的 四季變化。	樹的四 季變化		如果你不是只有提供彩色筆一種材料，幼兒就會展現創意，像P生就用色紙撕貼，還配上會活動的小動物……把課堂上讀到的故事──小兔子找朋友，表現在他的作品裡。
		樹的四 季變化		S生的作品內容好豐富啊！春天到了，獅子出來活動、冬眠的蛇醒來、連蝸牛也爬到草地上了。夏天的太陽好大！小朋友在沙灘的樹下堆沙堡……將來想要開一座動物園，立志要當動物園園長的S生超愛動物的，他又忘情地畫動物，忽略了主題。

單元名稱	問題類型／內容	作品名稱	作品照片	作品說明／評述
四季——四季的形容	Type V：請你也選取一樣事物，再用各式各樣的形容詞來分別形容它。	四季的形容		在閱讀五味太郎所著的《語言圖鑑2：有趣的形容詞》一書後，我們請幼兒用各式各樣的形容詞，分別形容春、夏、秋、冬四個不同的季節。T生學習能力強、懂得靈活運用，像五味太郎就說過「難纏的嬰兒」、「脾氣暴躁的嬰兒」……
		車的形容		在新的年度我們要求幼兒模仿書中的形式，也為每一個形容配上圖畫，並且開放可以自由選取喜歡的事物來形容。U生就做「車子」的形容。

單元名稱	問題類型／內容	作品名稱	作品照片	作品說明／評述
四季——四季的形容	Type V：請你也選取一樣事物，再用各式各樣的形容詞來分別形容它。	甲蟲的形容	現在也請你像瓦味太思一樣，為四季或喜歡的事物想一些有意思的形容，可以嘛？ 愛打架的甲蟲　黏著樹的甲蟲 愛比賽的甲蟲　裝死的甲蟲	V生說：「不同種類的甲蟲碰到了就會打架，還愛比賽」、「甲蟲生活在樹上，是黏著樹的甲蟲」、「甲蟲看到更大的動物就裝死，是裝死的甲蟲」。V生就是對甲蟲「有概念」。
		動物的形容	現在也請你像瓦味太思一樣，為四季或喜歡的事物想一些有意思的形容，可以嘛？ 醜巴巴的老虎　奇怪的獅子 鼻子像一個圓球的兔子　威力最強大的龍	W生還是對動物情有獨鍾，不但畫出傳說中威力強大的龍，還頑皮地開了動物的玩笑：替老虎畫上長長的鬍子，奇怪的獅子有三隻眼睛、三張嘴巴……從作品中可以感受到W生戲謔的快感。

單元名稱	問題類型／內容	作品名稱	作品照片	作品說明／評述
四季──四季的風貌	Type Ⅳ：想出可以分別在春、夏、秋、冬四個不同季節中玩耍的遊戲。	春天的遊戲		Y生說春天風很柔，天氣很好，適合摺紙飛機到草地上玩。Y生要大家注意圖中的兩架飛機是活動的，花也會慢慢長大，他的圖不只是用看的，還可以玩。
		夏天的遊戲		Z生說夏天很熱，到海水浴場游泳累了，可以在海邊撿貝殼，有時候還可以撿到烏龜。

單元名稱	問題類型／內容	作品名稱	作品照片	作品說明／評述
四季——四季的風貌	Type IV：想出可以分別在春、夏、秋、冬四個不同季節中玩耍的遊戲。	秋天的遊戲		A生說秋天的時候葉綠素不夠，樹葉就變紅掉到地上，我們可以撿漂亮的葉子來做標本。
		冬天的遊戲		A生說冬天的時候就打雪仗吧！「拋出去的雪，咻！」這幅圖還充滿動感呢！A生在創作四季遊戲時，迅速、俐落，一口氣連畫四張圖，分別是春、夏、秋、冬，當他完成時，還有同學連一張圖都還沒畫完。A生思路流暢，充分表現出學習的熱忱與自信。

單元名稱	問題類型/內容	作品名稱	作品照片	作品說明/評述
四季——四季的風貌	Type Ⅳ：想出可以分別在春、夏、秋、冬四個不同季節中玩耍的遊戲。	夏天的遊戲	夏天的遊戲 玩鬥蟲 鍬形蟲 獨角仙	B生喜歡玩「甲蟲王者」的遊戲，也因此養了甲蟲，現在還繁殖出小甲蟲呢！對於有注意力不全傾向的B生，只要和他談到甲蟲，他都可以專注地畫、興致勃勃地說。在他想像中，兩蟲相鬥永遠是獨角仙略勝一籌，因為「鍬形蟲還要打開兩隻大螯，獨角仙就已經用牠的一隻大角衝過來了！」
	Type Ⅴ：和同學合作製成「四季遊戲」的小書。	合作製成四季遊戲的屏風書		將幼兒各自完成的作品彙製而成「四季遊戲的屏風書」，讓幼兒享受出書的喜悅，也提升幼兒的創作動機。

單元名稱	問題類型／內容	作品名稱	作品照片	作品說明／評述
四季——我的地圖書	Type V：設計並且繪製「我的地圖書」，和同學做經驗分享。	我的地圖書		C生畫出「我家的地圖」，說：「太陽很厲害，本來是陰天，雲很多，太陽從雲裡穿破一個洞，跑出來了。」才四歲的幼兒，居然就可以這麼細膩地觀察到天氣晴朗的日子裡，太陽穿破雲層照射下來的情景。C生接著又說：「這是我們家養的一隻獅子，牠是隱形的，會從味道來分辨好人和壞人，只要有壞人來了，獅子就聞他的味道，這樣，壞人就不會來我們家了。」這段敘述讓我們感受到她內心的想像世界是多麼地豐富，她想像家中養了一頭隱形的獅子，這頭隱形的獅子可以保護她的家人，這樣的想像能力正是語文創作最重要的能力啊！下圖，C生畫「心的地圖」，把爸爸、媽媽放在心中最重要的位置；在她心中還擺著一張雙層床，透露出她好想要有一個妹妹的心情。而心中有一個「小雷」，表示小時候對打雷有一些好奇，長大以後，變成不喜歡打雷，所以「小雷」被趕出心中。幼兒內心的想像世界是多麼地豐富啊！她還不會書寫，就藉著圖畫表達出來了。

單元名稱	問題類型／內容	作品名稱	作品照片	作品說明／評述
四季──我的地圖書	Type V：設計並且繪製「我的地圖書」，和同學做經驗分享。	我的地圖書		畫出一家三口常常在家裡拍照。C生在和大家分享時，特別提醒我們注意：她和爸爸、媽媽竟然都一樣地瞇起一隻眼睛，而且都是同樣地瞇著右眼，讓我們感受到她們「一家人」的感情有多麼濃。 因為課堂上的時間有限，我們也邀請家長參與，讓幼兒將來不及在教室中說給老師聽的內容，帶回家去說給爸媽聽，讓爸媽替他做「作品說明」，這樣的親子互動讓爸媽更了解自己的孩子。這頁到下頁的三張圖都是由C生媽媽寫下C生的說明，再由C生帶到班上和大家分享。

單元名稱	問題類型／內容	作品名稱	作品照片	作品說明／評述
四季──我的地圖書	Type V：設計並且繪製「我的地圖書」，和同學做經驗分享。	我的地圖書		

單元名稱	問題類型／內容	作品名稱	作品照片	作品說明／評述
家庭——超級夢想家	Type V：能繪製自己心目中理想的房子。	我的家		D生所畫的作品雖然線條簡單，但最大的特色是 D 生已經能夠獨立地以拼音方式寫出句子來表達自己的意思。不同於一般小孩對於家庭的概念多以名詞（或位置）表現，從 D 生的作品說明中，可以發現，D生心中的人物是很活潑、有動作的，例如：爸爸餵貓，媽媽澆花。甚至也可以看到 D 生的句子不只是包含動詞、名詞，而是更複雜的，例如：圖中的熱氣球，並不是靜止不動的，在 D 生的心中它是準備起飛的。
	Type V：自選一個動物，創作一首動物詩。	我的兔子詩	我畫‧我寫動物詩　圖／____　語文組 （畫下你最喜歡的動物，記得要清楚畫出牠的特徵） （為你最喜歡的動物寫一首詩） 兔子彈鋼琴	E生喜歡說故事，所以她的兔子詩，不僅僅描繪兔子的外觀或特性，她的兔子詩充滿擬人化的童趣。主角是兔子，卻畫了一台大大的鋼琴在正中央，說的正是兔子彈鋼琴吸引很多動物一同聆聽的故事。或許E生是太喜歡說故事了，或者是對於兔子和貓咪的友情有所感觸，在小詩旁邊的空白處，E生又創作了一個關於貓咪和兔子的小故事。

單元名稱	問題類型／內容	作品名稱	作品照片	作品說明／評述
家庭──超級夢想家	Type V：自選一個動物，創作一首動物詩。	我的老虎詩	 語文組	F生把老虎比喻為小獵人，要大家注意別惹牠生氣了，甚至反問讀者「那你喜歡老虎嗎？」可見在F生的心目中，寫詩不僅是對自己，更是一種和讀的人互動的歷程。也許是受了 D 生的影響，F生在空白處一樣鉅細靡遺地口述了一個關於老虎的故事，從F生的老虎故事中可以發現，F生不僅知道關於老虎斑紋由來的故事，同時，他的敘述和說明也非常有條理和生動。
		我的貓咪詩	 詩文組	G生是寫詩的高手，她的小詩讀起來非常有韻律感，還出現對仗的形式，最後以一個活潑的驚嘆號做結尾，G生語文創作的能力真是叫人驚訝。

單元名稱	問題類型／內容	作品名稱	作品照片	作品說明／評述
家庭──超級夢想家	Type V：自選一個動物，創作一首動物詩。	我的羚羊詩		H生喜歡動物，相關的知識也很豐富，他的觀察能力和想像力可從他對於羚羊耳朵的描述看到，在他的心目中，羚羊的耳朵可是很像老鼠的耳朵呢！
		我的狗狗詩		I生選擇最常見的動物──狗狗，當作她小詩裡的主角。I生的整首小詩頭尾非常呼應，她描述狗狗因為乖巧、討人喜歡和可愛，所以最後的結論是大家喜歡養狗。但是I生也提醒我們，狗狗並非完全沒有缺點，牠可是個小頑皮鬼呢！整首詩讀起來非常流暢。

肆 — 邏輯數學

▶▶▶ 形形色色 ◀◀◀

課程目標

一、培養幼兒基本數及運算的概念。

二、培養幼兒基本幾何圖形的認知。

三、培養幼兒各種測量工具的操作及運用。

四、透過遊戲及教學培養幼兒邏輯推理的能力。

五、培養幼兒資料整理及運用圖表之能力。

單元名稱	教學目標	教學內容設計	問題類型	多元智能教學方法	不同能力學生課程調整方式
小小測量家	一、能運用測量工具進行測量。 二、能認識不同單位所代表的意義與功能。 三、能選擇適當的測量工具與單位進行測量。	一、（準備各種測量工具）測量工具介紹：功能、單位、使用方式與時機。 二、（準備圖卡與作業單）單位介紹：單位配對與換算。 三、實際測量：利用作業單進行測量遊戲。	Type I：1.知道各種測量工具、單位及測量方法。 2.運用老師提供的工具進行測量，包括自己的身體、教室的環境、水果和飲料等。 Type II：1.將各種測量工具、單位及測量方法與問題進行配對及換	語文 邏輯數學 人際	1.針對能力較佳的學生，提供較複雜的單位換算題目及較多的測量工具，讓學生選擇與運用。 2.針對能力較差的學生，提供多次的示範與練習機會。

單元名稱	教學目標	教學內容設計	問題類型	多元智能教學方法	不同能力學生課程調整方式
小小測量家			算。 2.運用不同的測量工具對不同的物體進行比較。 Type Ⅲ：能運用各種工具針對問題進行測量。 Type Ⅳ：1.選擇適當工具進行測量並呈現測量結果。 2.能針對不同的物品設計出多種不同的測量方式。 Type Ⅴ：設計適當的測量工具或方法進行測量。	視覺空間	

單元名稱	教學目標	教學內容設計	問題類型	多元智能教學方法	不同能力學生課程調整方式
變形蟲	一、幾何圖形的認識。 二、了解幾何圖形的構成元素。 三、幾何圖形創作。	一、（準備七巧板、積木、各式幾何圖形的圖卡）幾何圖形的認識：各式幾何圖形的樣式與組成要素介紹。 二、（準備黏土、竹筷子、色紙、紙盒、美工用具）幾何圖形創作活動：平面與立體造型的仿作與創作。	Type I：能說出各種幾何圖形之名稱。 Type II：能說出由幾何圖形組成的物體名稱。 Type I：能解析物體本身所包含的幾何圖形。 Type II：能找出不同圖形間的差異及特色。 Type II：能說出不同圖形間的差異及特色，並歸納出自己的結論。 Type III：能正確仿作各種幾何圖形造型。 Type IV：能運用各種幾何圖形創作不同之造型。 Type IV：能運用多種幾何圖形創作幾何造型。 Type V：能創作有主題的幾何造型組合。 Type V：能創作有創意的幾何圖形造型。	 邏輯數學 語文 邏輯數學 語文 邏輯數學 視覺空間 視覺空間 邏輯數學 邏輯數學 視覺空間	高組： 1.尚可提供特殊幾何圖形，包括：菱形、平行四邊形、正三角形、直角三角形、等腰三角形等。 2.提供立體圖形並據以為 Type IV創作時之素材。 3.提供平面圖形（例：城堡、金字塔或大廈等），創作幾何立體造型。 4.找出平面圖形（例：城堡、金字塔或大廈等）中幾何圖形所構成的型式（pattern），並說明運用該幾何圖形構成的可能原因。

形形色色：「小小測量家」學習單

小小測量家

我的名字：＿＿＿＿＿＿＿＿

一、認識各種測量工具：

1. 我用什麼量重量？

2. 我用什麼比輕重？

3. 我用什麼量長度？

4. 我用什麼量時間？

5. 我用什麼量容量？

6. 我用什麼量溫度？

二、認識單位：

長度單位：公分

畫畫看，1 公分有多長？

重量單位：公克與公斤

量量看，我有幾公斤？

三、長度：

● 比比看：

1. 我和老師，誰比較高？

2. 鉛筆和手掌，誰比較長？

3. 椅子和櫃子，誰比較高？

● 量量看：

1. 我的腳丫子有幾公分？

2. 我的手臂有幾公分？

3. 我的腰圍有幾公分？

4. 同學的身高有幾個拳頭？等於幾公分？

5. 教室裡的白板長度有幾個手掌？等於幾公分？

6. 教室書櫃長度有幾個手掌？等於幾公分？

（四）、重量：

💭 比比看：

1. 蘋果和橘子，哪一個比較重？

2. 橘子和柳丁，哪一個比較重？

3. 我和_____，誰比較重？

💭 量量看：

1. 蘋果有多重？

2. 橘子有多重？

3. 柳丁有多重？

4. 我有多重？

5. 同學_____，有多重？

五、總複習：

1. 連連看，測量不同的東西，要用什麼工具：

量　體　重	
量寶特瓶容量	
量　身　高	
量教室長度	
量橘子重	
量杯子重	
量杯子容量	
量書本的長度	

2.連連看，測量的單位應該選哪一個？

量　體　重		公分
量寶特瓶容量		公克
量　身　高		c.c.
量教室長度		小時
量　橘　子　重		次
量　杯　子　重		公升
量杯子容量		公斤
量書本的長度		度
體　　溫		年
睡　覺　的　時　間		公尺

恭喜各位，你們都是小小測量家囉！

各位好棒。加油！

形形色色：「變形蟲」學習單㈠

小朋友，請你用家裡廚房中的任何物品（例如：鍋子、杯子、湯匙等），疊成一樣你最喜歡的玩具，拍下照片後貼在下面。然後數一數，裡面有幾個圓形？幾個長方形？幾個正方體？幾個圓柱體？

形形色色：「變形蟲」學習單㈡

數一數：

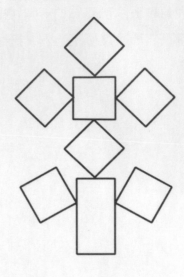

△有（　　　）個　　　　　　○有（　　　）個

□有（　　　）個　　　　　▭有（　　　）個

形形色色：「變形蟲」學習單㈢

連連看，把長得很像的連起來：

　·　　　·　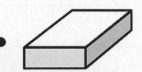

　·　　　·　

　·　　　·　

　·　　　·　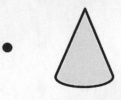

　·

　·　　　·　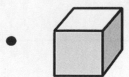

形形色色：「變形蟲」學習單㈣

在裡面畫出三角形、正方形和長方形或任何你知道的圖形

形形色色：「變形蟲」學習單㈤

想想看，下面的圖形是用多少塊幾何圖形排成的？

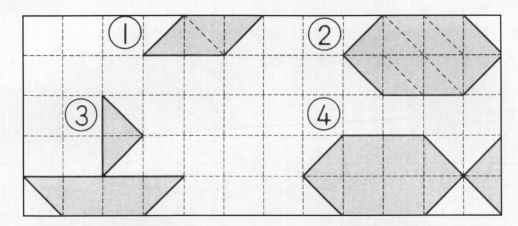

你也試著畫一畫：

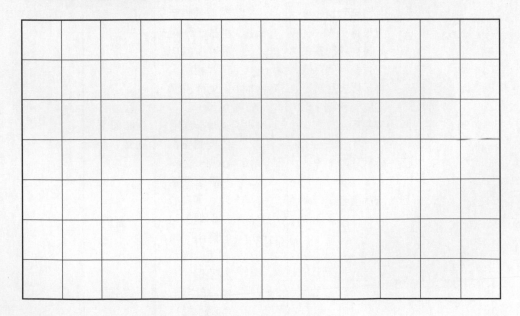

▶▶▶ 你我他 ◀◀◀

課程目標

一、培養幼兒基本數及運算的概念。

二、培養幼兒各種測量工具的操作及運用。

三、透過遊戲及教學培養幼兒邏輯推理的能力。

四、培養幼兒資料整理及運用圖表之能力。

單元名稱	教學目標	教學內容設計	問題類型	多元智能教學方法	不同能力學生課程調整方式
圖表會說話	一、各式統計圖表之認識。 二、統計圖表製作。	一、（請準備各式統計圖表、圖畫紙、美工用具、單槍投影機、各式數據：週氣溫表、每月雨量表、火車時刻表……）各種統計圖表之介紹：適用情境、代表意義、功能與缺點、組成要素。 二、統計活動。 三、統計圖表創作。	TypeⅠ：能說出不同圖表之名稱。 TypeⅠ：能學會運用不同劃記方式進行統計結果的表示。 TypeⅡ：能找出不同圖表間的功能及特色。 TypeⅢ：能仿作各種圖表。 TypeⅢ：能轉換運用不同圖表表示同一資料，選出最適用之圖表並說明理由。 TypeⅣ：能運用不同圖表進行資料整理。 TypeⅤ：能設計自己的圖表進行資料整理。	語文 邏輯數學 內省 人際 邏輯數學 語文 視覺空間	高組： 1.說明圖表資料的意義。 2.預測圖表未來的可能走向。

單元名稱	教學目標	教學內容設計	問題類型	多元智能教學方法	不同能力學生課程調整方式
精打細算	一、四則運算的認識。（可針對程度較高的學生進行延伸） 二、將數學的基本運算應用於生活情境問題之解決。	一、（請準備作業單、數字、運算磁卡）加法／減法／乘法／除法之運算時機與組成要素之介紹。 二、基本加法／減法／乘法／除法練習。 三、連加／連減法練習。 四、四則運算之時機與意義。 五、應用問題解決。	Type I ：能認識基本運算符號。 Type II ：能進行計算題的仿作。 Type II ：能說出不同運算與問題之配對。 Type IV ：能運用基本運算進行問題解決。	語文 邏輯數學 人際	高組： 1.簡單乘法與除法，概念的理解與運算。 2.說明加法、乘法以及減法、除法的關係。 3.在解決數學應用問題時提供較少解題條件。

你我他：「圖表會說話」學習單

下面是小妹妹從出生到滿六個月的體重記錄表，請你把它畫成折線圖。

年齡(月)	出生	一月	二月	三月	四月	五月	六月
體重(克)	2800	3000	3200	3400	3600	3800	4000

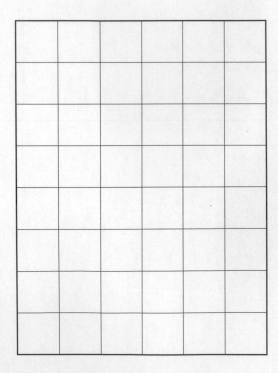

小妹妹每月體重折線圖

你我他：「精打細算」學習單

精打細算

我的名字：＿＿＿＿＿＿＿＿

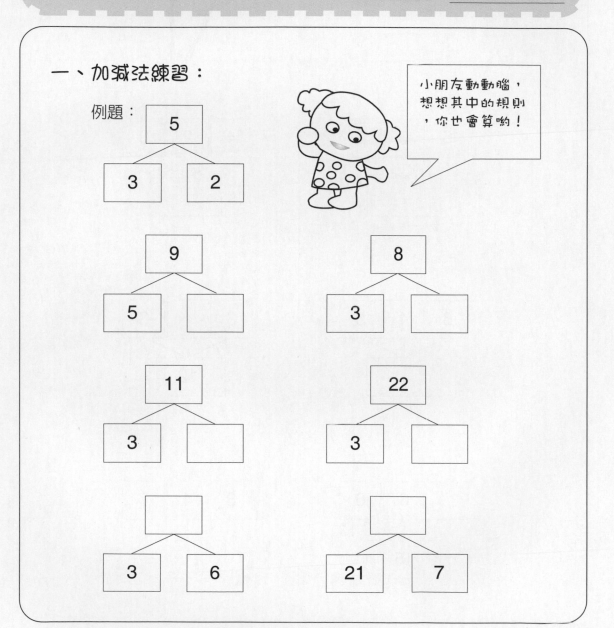

一、加減法練習：

例題：

小朋友動動腦，想想其中的規則，你也會算喲！

| 5 |
| 3 | 2 |

| 9 |
| 5 | |

| 8 |
| 3 | |

| 11 |
| 3 | |

| 22 |
| 3 | |

| |
| 3 | 6 |

| |
| 21 | 7 |

二、連加法練習：

例題：

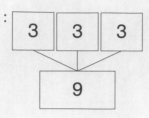

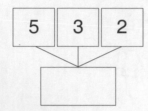

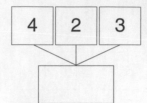

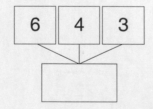

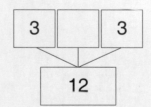

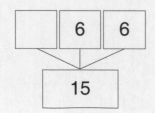

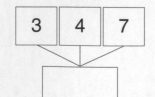

三、加點變化更有趣：

例題：

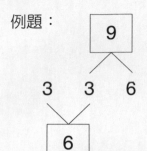

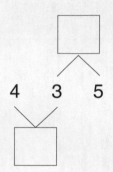

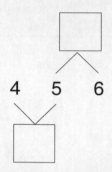

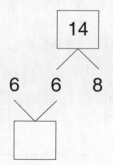

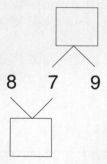

參考書目▶華真（2000）：小學生資優數學教室。台北市：風車圖書。

▶▶▶ 成長 ◀◀◀

課 程 目 標

一、培養幼兒對方位和角度的認識。

二、透過遊戲及教學培養幼兒邏輯推理的能力。

單元名稱	教學目標	教學內容設計	問題類型	多元智能教學方法	不同能力學生課程調整方式
我在哪裡？	一、方位的認識。 二、座標圖的認識。 三、角度與方位之關係。	一、十六方位之介紹與認識。 二、座標圖介紹：原點、座標標示方式。 三、相對位置介紹。 四、使用量角器測量角度與繪製角度。 五、尋找好朋友遊戲——設計藏寶圖。	Type Ⅰ：1.能說出十六方位的名稱及座標之組成要素。 2.能運用量角器測量角度。 Type Ⅱ：能找出座標、方位間的關係。 Type Ⅲ：能利用座標與方位進行尋找遊戲。 Type Ⅴ：運用座標與方位設計藏寶圖。	語文 自然觀察 邏輯數學 視覺空間	1.十六方位之介紹依據學生能力不同，高能力者可以教授十六方位，低能力者可以只教授八方位或四方位即可。 2.設計藏寶圖可依學生不同能力給予不同大小的範圍。

單元名稱	教學目標	教學內容設計	問題類型	多元智能教學方法	不同能力學生課程調整方式
數字家族	一、數列關係的認識。 二、能運用邏輯推理出數字與圖形數列的變化。 三、能設計出不同的數字與圖形數列。	一、（準備數列的作業單）尋找數列關係：等比、等差、邏輯關係的尋找。 二、數字數列與圖形數列的設計。 三、數列解答競賽活動。	Type I ：能說出數列中數字或圖形間的關係。 Type II ：能找出不同數列中的關係並填入適當的數字或圖形。 Type III ：能仿作數列。 Type IV ：能改變數列形式。 Type V ：能設計自己的數列。	語文 邏輯數學 人際	1.提供不同難易度的數列，讓能力較強的學生挑戰進階問題。 2.讓學生設計不同的數列，進行競賽活動，讓能力較強的學生有表現的機會。

成長：「我在哪裡」學習單

我在哪裡？

我的名字：＿＿＿＿＿＿＿

一、方向辨別：

1. 東　2. 南　3. 西　4. 北

二、方位與角度：

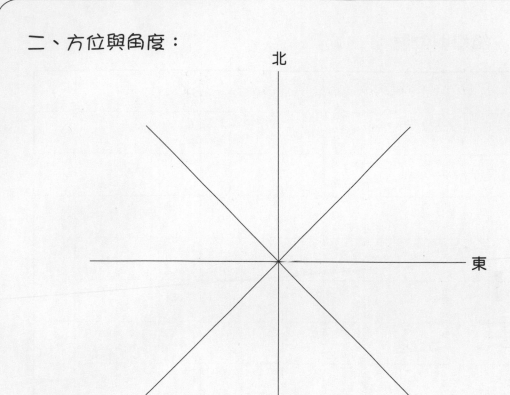

北

東

一個圓有 360 度，聰明的小朋友，你知道：

從北到東有幾度？　　　　　從東北到西有幾度？

從北到南有幾度？　　　　　從東到西南有幾度？

從東到西有幾度？　　　　　從東南到北有幾度？

從南到西有幾度？　　　　　從東北到西北有幾度？

三、座標與位置：

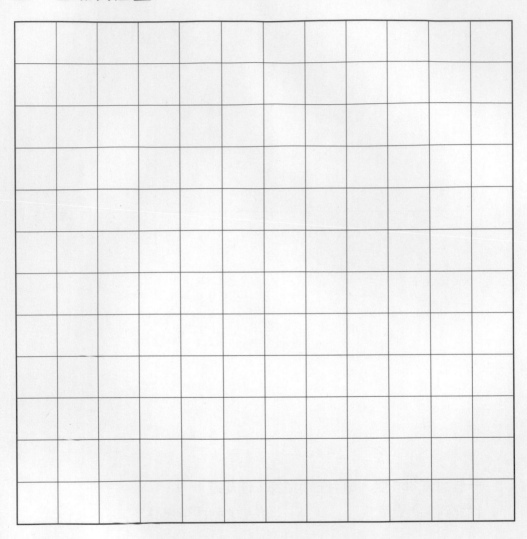

◎我們可以用座標來表示每個人的位置，請問你可以找到好朋友的座標嗎？

小明（　　，　　）小華（　　，　　）大同（　　，　　）小奇（　　，　　）

游老師（　　，　　）王老師（　　，　　）胡老師（　　，　　）

成長：「數字家族」學習單㈠

數列遊戲㈠

我的名字：＿＿＿＿＿＿＿＿

一、想一想，下面的題目後面應該加上什麼數字：

● 1, 2, 3, 4, （ 　　 ）........ ① 1　② 3　③ 5　④ 7

● 1, 0, 1, 0, （ 　　 ）........ ① 1　② 3　③ 5　④ 7

● 4, 0, 4, 0, （ 　　 ）........ ① 1　② 2　③ 3　④ 4

● 2, 8, 2, 8, （ 　　 ）........ ① 2　② 8　③ 2　④ 8

● 1, 3, 5, 7, （ 　　 ）........ ① 0　② 3　③ 6　④ 9

● 5, 10, 15, （ 　　 ）........ ① 10　② 20　③ 30　④ 40

☆ 2, 5, 8, 11, （ 　　 ）........ ① 10　② 12　③ 14　④ 16

☆ 2, 7, 12, （ 　　 ）........ ① 15　② 17　③ 19　④ 21

☆ 4, 9, 14, （ 　　 ）........ ① 11　② 15　③ 19　④ 22

☆ 9, 7, 5, （ 　　 ）........ ① 4　② 3　③ 2　④ 1

☆ 14, 11, 8, （ 　　 ）........ ① 6　② 5　③ 4　④ 3

◇21, 18, 15, 12, (　　　) ① 9　　② 6　　③ 3　　④ 0

◇5, 8, 6, 9, 7, (　　　) ..... ① 15　② 10　③ 5　　④ 0

◇0, 50, 100, (　　　) .... ① 120　② 150　③ 105　④ 200

◇1, 2, 4, 7, 11, (　　　) ... ① 16　② 15　③ 14　④ 13

◇15, 14, 12, 9, (　　　) ... ① 6　　② 5　　③ 4　　④ 3

說說看，你發現了哪些有趣的規則？

二、我也會設計我的有趣數列：

1.

2.

3.

4.

參考書目▶

唐文惠譯（1998）：IQ自我評量手冊。台北市：華智文化。

華真（2000）：小學生資優數學教室。台北市：風車圖書。

成長：「數字家族」學習單(二)

數列遊戲(二)

我的名字：＿＿＿＿＿＿＿＿

一、找一找，下面的題目有沒有規則：

1.　　1,　2,　3,　4,　5,　6,　7,　＿,　＿

2.　　2,　4,　6,　8,　＿,　＿,　＿

3.　　1,　3,　5,　＿,　＿,　11,　＿

4.　　2,　5,　8,　＿,　14,　＿

5.　　20,　18,　16,　＿,　＿

6.　　5,　10,　15,　＿,　＿,　30

7.　　3,　6,　9,　＿,　＿,　18

8.　　1,　2,　3,　5,　8,　＿,　21

9.　　7,　14,　21,　＿,　35,　＿,　＿

10.　13,　7,　11,　6,　9,　5,　＿,　＿

開發智能・解決問題

二、小朋友，你能發現下面圖形與數字的特殊規則嗎？

1.

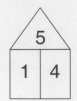 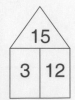

2.

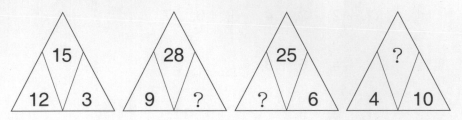

3.

14	28	10	?
11	15	12	17
25	12	22	13

小朋友加油囉！

166

三、圖形的規則更有趣！

 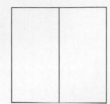  

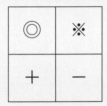 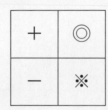 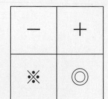 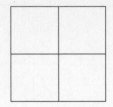

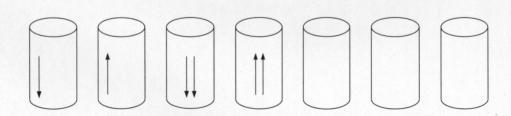

四、小朋友，看完這麼多特別的規則，我們也來試一試，創作自己的規則！

參考書目▶

唐文惠譯（1998）：IQ 自我評量手冊。台北市：華智文化。

華真（2000）：小學生資優數學教室。台北市：風車圖書。

▶▶▶ 四季 ◀◀◀

課 程 目 標

一、培養幼兒基本數及運算的概念。

二、培養幼兒時間計算工具的運用及換算。

三、透過遊戲及教學培養幼兒邏輯推理的能力。

四、培養幼兒計畫及運用工具之能力。

教材來源：朱瑛譯（2001）。光譜計畫：幼小階段學習活動。台北市：心理出版社。

單元名稱	教學目標	教學內容設計	問題類型	多元智能教學方法	不同能力學生課程調整方式
光陰的故事	一、認識及運用計時的工具。 二、不同時間單位的化聚。 三、體認把握時間的重要性並運用計畫表規劃時間的運用。	一、時間計量工具的介紹：功能、單位、使用方式。 （計時器、時鐘、日曆、月曆、錶、時鐘教具） ㈠介紹月曆、日曆的使用方式及其差異。 -介紹平年、閏年。 -介紹特殊節日。 -介紹不同月份的天數。 ㈡時鐘的介紹。 -報讀整點、半點。 -報讀時刻。 ㈢感受時間的長短：利用沙漏、計時器讓學生感受時間的長短。	Type Ⅰ：能正確指認時鐘上的時刻、月曆、日曆。 Type Ⅱ：能說明平、閏年的差異。 Type Ⅱ：能了解民國、西元的差異並據以推算個人的生日年份。 Type Ⅱ：能運用各種不同的計時工具查詢所需的資訊。 Type Ⅳ：能依不同需求選擇適合的計時工具。 Type Ⅰ：能正確感受時間的長短。	語文 自然觀察 人際 邏輯數學 內省	高組：進行不同時間單位的換算。

單元名稱	教學目標	教學內容設計	問題類型	多元智能教學方法	不同能力學生課程調整方式
光陰的故事		二、火車時刻表的運用。（作業單） ㈠能理解火車時刻表上資料代表的意義。 ㈡能運用火車時刻表進行旅遊行程的安排。	Type IV：能利用火車時刻表安排適當的搭乘時間。	邏輯數學	Type V：提供各種時刻表讓幼兒報讀並說明時刻表代表的意義。

單元名稱	教學目標	教學內容設計	問題類型	多元智能教學方法	不同能力學生課程調整方式
珍惜光陰	一、體認珍惜時間的重要性。 二、認識計畫表。 三、運用計畫表規劃自己的時間。	一、發現自己一天時間的運用，歸納出占掉一天時間的長短次序。（學習單：二十四小時圓盤） 二、計畫表的認識：形式、功能及使用時機。討論方向，包括：人、事、時、地、物。 ㈠規劃自己一天的時間運用。 ㈡運用計畫表記錄／計畫一週的活動。 ㈢設計自己適用的計畫表形式。	Type I ：知道計畫表的功能與意義。 Type II ：能使用計畫表填寫一天的時間安排。 Type III ：能運用各種計畫表進行時間的規劃。 Type IV ：能選擇適當的計畫表進行時間的規劃。 Type V ：設計最適合自己的計畫表。	邏輯數學 語文 邏輯數學 內省 視覺空間	1.提醒計畫能力較弱的學生，從占最多時間的活動下手。（如：睡眠） 2.日、週規劃都很完整的同學，可設計「年」度計畫。
延伸學習：旅遊計畫的安排／蟬的一生					

四季：「光陰的故事」學習單㈠

我的名字：＿＿＿＿＿＿＿

一、認識時間：

一年＝　　　　　月

一個月＝　　　　　天

一天＝　　　　　小時

一小時＝　　　　　分鐘

一分鐘＝　　　　　秒鐘

所以：

一年＝　　　　月＝　　　　日＝　　　　小時＝　　　　分鐘

＝　　　　　　　秒鐘

二、特別的月：

31 天的月份：

30 天的月份：

28 天的月份：

四季：「光陰的故事」學習單㈡

哆啦Ａ夢要和大雄全家一起環島旅遊囉～～
請你利用火車時刻表，幫大雄全家安排一次
三天兩夜的台灣環島行程。

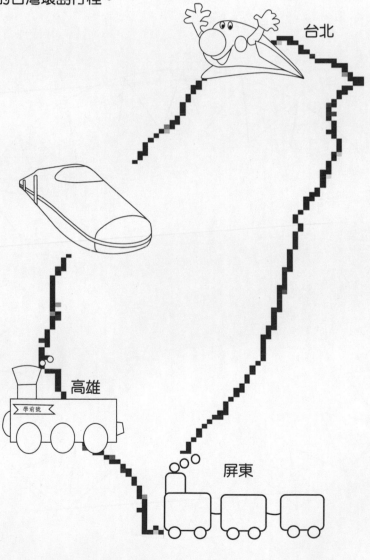

台北

高雄

屏東

四季：「珍惜光陰」學習單㊀

珍惜光陰

一天＝（　　　　　　）小時

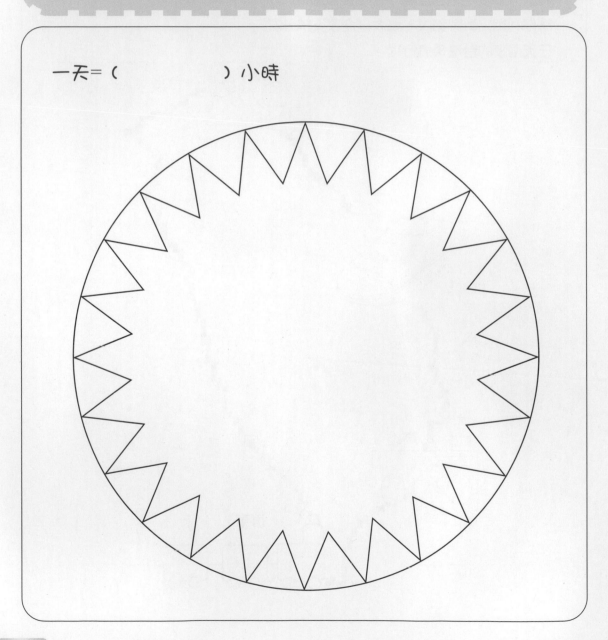

四季：「珍惜光陰」學習單㈡

一天的計畫

時段	時間	我的安排
早上	06:00-11:00	
中午	11:00-13:00	
下午	13:00-18:00	
晚上	18:00-22:00	
睡覺	22:00-06:00	

四季：「珍惜光陰」學習單㈢

週次時間規劃

我是：＿＿＿＿＿＿＿＿

	一	二	三	四	五	六	日
06:00-08:00							
08:00-10:00							
10:00-12:00							
12:00-14:00							
14:00-16:00							
16:00-18:00							
18:00-20:00							
20:00-22:00							
22:00-24:00							

四季：「珍惜光陰」學習單㈣

_____的一天

△我每天_____睡覺。

△我每天_____起床。

△我每天_____吃早餐。

△我每天_____吃午餐。

△我每天_____吃晚餐。

△我每天_____看電視。

△我每天_____玩遊戲。

△我每天_____看書。

●所以我每天睡覺的時間有_____小時。

●所以我每天吃飯的時間有_____小時。

●所以我每天遊戲的時間有_____小時。

●所以我每天讀書的時間有_____小時。

四季：「珍惜光陰」學習單㈤

認識時間的唸法

我的名字：＿＿＿＿＿＿＿＿

複習一下：

●下午一點，我們稱為：＿＿＿＿＿＿＿＿

●下午四點，我們稱為：＿＿＿＿＿＿＿＿

●晚上八點，我們稱為：＿＿＿＿＿＿＿＿

●晚上十點二十分，我們稱為：＿＿＿＿＿＿＿＿

加深一點難度：

●早上八點到十點，共＿＿＿＿＿＿＿小時。

●下午一點到下午四點，共＿＿＿＿＿＿＿小時。

●早上十點到下午兩點，共＿＿＿＿＿＿＿小時。

●早上八點到下午六點，共＿＿＿＿＿＿＿小時。

●晚上十點睡覺，睡到早上十點，共睡＿＿＿＿＿＿＿小時。

●小朋友一天要睡八小時，若你晚上九點睡覺，＿＿＿＿＿＿＿點鐘要起床。

▶▶▶ 節慶 ◀◀◀

課 程 目 標

一、培養幼兒基本數及運算的概念。

二、認識錢幣、紙鈔並應用以解決日常生活中常見的問題。

三、能了解除法與減法間，以及乘法與加法間的關係與意義，並據以解決日常生活中
的問題。

四、透過遊戲及教學培養幼兒邏輯推理、問題解決的能力。

教材來源：自編作業單。

馬文碧、文庭澍譯（1995）。親子數學。台北市：聯經。

單元名稱	教學目標	教學內容設計	問題類型	多元智能教學方法	不同能力學生課程調整方式
春節百匯PART I	一、認識硬幣與紙鈔。 二、硬幣與紙鈔的混合應用。 三、百分比的認識與應用。	一、認識我國常用錢幣及紙鈔。 (一)指認紙鈔與錢幣。 (二)錢幣與紙鈔的組合運用。 （準備幣值兌換表、各國錢幣、餐館菜單、白紙、彩色筆、大白板一面——教師用，小白板四面——學生用） 二、在超級市場購物。 (一)運用購物清單購買最實惠的商品。 (二)在有限預算下購買物品。	Type I ：正確指認錢幣與紙鈔。 Type II ：運用紙鈔及錢幣組合為正確的金額。 Type III ：在有限預算及有限種類下進行購物。	語文 邏輯數學	高組： 1.了解各國錢幣與匯率的關係。 2.各國錢幣的兌換、幣值及匯率的比較。 3.運用錢幣與購物的觀念自行設計「金錢」遊戲。

單元名稱	教學目標	教學內容設計	問題類型	多元智能教學方法	不同能力學生課程調整方式
春節百匯PARTⅠ		（全家出遊野餐的準備、大掃除用品的購買等） 三、找出最經濟實惠又符合大家需求的方式，利用各餐館的菜單並在預算控制下，為自己及家人做最經濟的點菜選擇。	TypeⅣ：有限的預算下運用菜單為家人做最經濟的點菜選擇。	視覺空間	
		四、（準備各式大賣場 DM、麥當勞或肯德基菜單）認識百分比並運用大賣場的 DM 進行打折的計算。 ㈠計算打折率。	TypeⅠ：打折率的正確計算。	邏輯數學	
		㈡用統計圖表表示打折率。	TypeⅤ：運用任何一種統計圖表表示某賣場 DM 中各商品的打折率。		
		五、（準備大富翁作業單）大家來玩大富翁。 -自行設計大富翁的玩法。	TypeⅣ：能自行設計大富翁。	視覺空間	

單元名稱	教學目標	教學內容設計	問題類型	多元智能教學方法	不同能力學生課程調整方式
春節百匯PARTⅡ	一、了解簡單除法與減法的關係與意義。 二、了解簡單乘法與加法的關係與意義。 三、利用簡單除法（減法）、乘法（加法）解決生活中的問題。	運用年菜主題探討： 一、年菜的份量。 二、年菜的組合。 三、分配年菜。 （準備大白板一面──教師用，小白板四面──學生用）	TypeⅠ：利用簡單除法／減法進行元寶（水餃）數量的分配。 TypeⅠ：利用加、乘法進行點心份量的計算。 TypeⅡ：利用除／加／減法仿作TypeⅠ例題。 TypeⅢ：能利用教師提供的菜單，計算自己家人口數進行年節點心的估量。 TypeⅣ：能用任何方法將兩種數量不同的年節點心分配給大人及小孩。 TypeⅤ：能自行設計年菜菜單或點心菜單給班上同學，並利用除／減／加／乘法估量。	邏輯數學 人際	四則運算都很熟悉的同學，問題中可增加人數與菜色，提高問題的難度。

節慶：「春節百匯」學習單㈠

ㄚ雅開的店

今天是初二，媽媽回娘家的日子，你帶著外公、外婆、爸爸、媽媽、妹妹到「ㄚ雅開的店」吃飯，到了店門口一看，哇～今天全面八折ㄝ～請你幫每個人點餐，並算算看要花多少錢？？

節慶：「春節百匯」學習單(二)

統計圖

過年後……

媽媽帶你上街去買東西，哇！到處都有減價大拍賣せ！媽媽興奮地買了很多東西，你也買了許多開學後的用品。請你算算看……這些東西到底打幾折？然後用統計圖表表示。

原價 150 元，特價 75 元　　原價 70 元，特價 49 元　　原價 80 元，特價 64 元

原價 100 元，特價 80 元　　　原價 20 元，特價 18 元

原價 8 元，特價 6 元　　原價 20 元，特價 16 元

（折）
9
8
7
6
5
4
3
2
1
0

節慶：「春節百匯」學習單㈢

來這裡玩大富翁

姓名：＿＿＿＿＿＿＿＿

買了一片
光碟 350
元，打八
折

錢包裡有
80 元，不
小心被偷
了

送 100 元

中大樂透
得到 5000
元

第一站

到麥當勞或肯德基吃飯

1. 現在你的口袋裡有 150 元，你肚子好餓好餓喔
   ……

2. 看看菜單，挑出最愛吃的東西，再想想看需要
   多少錢？

第二站

今天是你的生日，爸爸媽媽說你可以選擇到麥當勞或肯德
基去慶祝，可是爸爸媽媽和你只有帶 535 元出門，你負責
點餐，你怎樣可以把 535 元花得最值得？

第三站

今天是除夕夜，媽媽帶著你到超市去買今晚年夜飯的菜，你家有爺爺、奶奶、爸爸、媽媽、你和妹妹。媽媽要買下面這些菜，你幫媽媽算算看需要多少錢？

每顆 20 元，買 6 顆

每條 35 元，買 2 條

每顆 17 元，買 3 顆

每個 10 元，買 2 個

每斤 15 元，買 3 斤

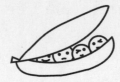
每斤 15 元，買 1.5 斤

每斤 45 元，買 1 斤

每斤 500 元，買 1 斤

每斤 180 元，買 2 斤

半隻 150 元，
買一隻 280 元，買 2.5 隻

節慶：「春節百匯」學習單㈣

吃元寶，得元寶

我是：＿＿＿＿＿＿＿＿＿＿＿

過年期間，叮噹家有一個傳統的習慣，就是要吃元寶（水餃）。因為水餃中可能藏著一枚金幣，誰吃到，一年就可能好運連連！他們一家有六個人，分別是爺爺、奶奶、爸爸、媽媽、小叮和小噹！

⑴除夕當天，餐桌上的水餃餐盤共有 60 顆水餃，請問每個人平均吃幾顆呢？

⑵過年當天，本來全家也要一起吃水餃，可是爺爺和奶奶被王伯伯邀請去他們家吃飯，今天餐桌上的水餃餐盤仍有 60 顆水餃，全部吃光光時，請問每個人平均吃幾顆呢？

⑶大年初二，爺爺奶奶邀請王伯伯到家裡來，全家人今天一樣吃元寶，餐桌上的水餃總共有 63 顆水餃，請問每個人平均吃幾顆水餃呢？這一天比起過年當天，每個人吃的水餃顆數是多還是少？相差多少？

⑷吃了幾天元寶之後，大家對元寶的喜好程度也變得不一樣，這一次爸爸吃 20 顆，媽媽吃 15 顆，爺爺吃 20 顆，奶奶吃 10 顆，小叮吃 10 顆，小噹吃 5 顆；請問叮噹家這一餐吃了幾顆元寶呢？

節慶：「春節百匯」學習單㈤

吃點心，培養情

我是：＿＿＿＿＿＿＿＿＿＿

過年期間，通常吃了正餐之後，還有許多的點心可吃！請看這張圖表，看看叮噹家到底吃了些什麼?!

點　　　心　名　　　稱	價格（元）	熱量（卡）	爺爺	奶奶	爸爸	媽媽	小叮	小噹	價錢（元）
小籠包	25	300	2	2	3	1	0	2	
冰淇淋	15	200	4	1	3	2	2	1	
蛋糕	45	500	0	1	2	2	1	2	
熱量（卡）									

1. 請問叮噹家在吃點心上，總共花了多少錢？花費最多的是哪一種點心呢？

2. 爸爸一個人吃的點心，就要花費多少錢呢？

3. 叮噹家中，當天誰吸收的熱量最多呢？請正確寫出！

節慶：「春節百匯」學習單㈥

我是：＿＿＿＿＿＿＿＿

叮噹家中大人吃的東西總是比小朋友多！每次小朋友吃一份，大人就要吃二份；請仔細算算這些年節菜色和點心要怎麼分配？

食物	數量	小朋友	大人
螃蟹	6 隻	*吃螃蟹的人是：「小叮」和「爸爸」	
		小叮吃＿＿＿隻？	爸爸吃＿＿＿隻？
蝦子	18 隻	*吃蝦子的人是：「小噹」和「媽媽」	
		小噹吃＿＿＿隻？	媽媽吃＿＿＿隻？
水餃	10 個	*吃水餃的人是：「小叮」、「爺爺」和「奶奶」	
		小叮吃＿＿＿個？	爺爺吃＿＿＿個？ 奶奶吃＿＿＿個？
蛋糕	12 個	*吃蛋糕的人是：「小叮」、「小噹」、「爸爸」和「媽媽」	
		小叮吃＿＿＿個？ 小噹吃＿＿＿個？	爸爸吃＿＿＿個？ 媽媽吃＿＿＿個？

節慶：「春節百匯」學習單(七)

年菜菜單

年菜設計師：＿＿＿＿＿＿＿＿

*填寫出年菜份量，並計算出總共要花多少錢？

	菜名	單價	同學名字				
年菜食物	蔬菜						
	主菜						
	點心						

*我最喜歡（　　　　　　　）設計的菜單，互相分享一下吧！！

▶▶▶ **家庭** ◀◀◀

課程目標

一、認識各種交通工具。

二、能閱讀應用地圖並能加以製作。

單元名稱	教學目標	教學內容設計	問題類型	多元智能教學方法	不同能力學生課程調整方式
閱讀空間	一、交通工具的認識。 二、地圖的閱讀與使用。 三、地圖的製作。	一、討論有哪些交通工具，並將交通工具分類。 二、討論為什麼要有大眾運輸系統及捷運的產生。 三、發下一張地圖，並請學生在圖上標出指定的地點。（鄰里地圖、台灣地圖） 四、教導讀圖的技巧——方向、圖示、距離。 *閱讀捷運地圖，讓學生看看圖上有哪些特別的記號——顏色、雙圈各代表什麼？並比較不同的地圖。（捷運地圖）	TypeⅠ：知道各種交通工具。 TypeⅡ：能分類交通工具，並考量交通工具產生的原因。 TypeⅡ：能閱讀地圖。 TypeⅢ：能比較不同用途的地圖。 TypeⅣ：能選擇適當的地圖。 TypeⅤ：能繪製適當的地圖。	語文 人際 視覺空間 邏輯數學 邏輯數學 視覺空間	1.高組：能要求找到較為複雜的地點；並請學生逆向操作，自訂尋寶地點，讓他人去尋。 2.中組：能提示一個地點和方向作為標的。

單元名稱	教學目標	教學內容設計	問題類型	多元智能教學方法	不同能力學生課程調整方式
閱讀空間		五、能自行繪製住家附近的地圖。（白紙、尺、彩色筆） 六、討論為什麼我們需要地圖，地圖帶給我們生活的便利性有哪些？	Type Ⅴ：能說出地圖帶來的便利性。	語文內省	

單元名稱	教學目標	教學內容設計	問題類型	多元智能教學方法	不同能力學生課程調整方式
旅遊行動家	一、能了解各種交通工具的最大乘載運量。 二、能進行運量與流量的計算及估算。 三、能善用資源有效規劃旅遊行程。	一、老師說明流量的觀念。可從「水流量」的例子入手。（學習單） 二、以捷運或火車或其他陸上交通工具為例，請學生想想，什麼時候人比較多，什麼時候比較少？（捷運地圖） 三、運量與流量的數學題。 ㈠每 2 分鐘一班車，一班搭載 100 人，10 分鐘可以搭載多少人？ ㈡現在上班時間有 1000 人要上班，10 分鐘一定都要坐上車，那多久需要一班車？ ㈢如果是中午時間只有 300 人要搭車，那又多久需要一班車呢？ 四、自行設計有關流量與運量關係的題目。	Type I：能了解流量、運量的概念。 Type II：能找出不同時段中影響流量、運量的原因。 Type III：能做數字計算與推理。 Type IV：能自行設計題目。	語文 視覺空間 邏輯數學 邏輯數學 邏輯數學	1.請高組同學用幼兒的話語來解釋「流量」的意思給其他同學聽。 2.設計題目時，可參考老師的例題；要求能力佳的學生，能思考流量的其他相關問題。

單元名稱	教學目標	教學內容設計	問題類型	多元智能教學方法	不同能力學生課程調整方式
旅遊行動家		五、規劃 200 元的捷運一日遊，看看誰的景點多！（白紙）	Type V：能自行設計旅遊路線。	人際 邏輯數學	

▶▶▶ **學生作品範例** ◀◀◀

單元名稱	問題類型／內容	作品名稱	作品照片	作品說明／評述
你我他——圖表會說話	TypeⅢ：能轉換運用不同圖表表示同一資料，選出最適用之圖表並說明理由。	小動物要點名		從指認分類，使用簡易的紀錄符號，G生在此活動中，可謂一氣呵成地完成各種圖表的轉換與繪製，並且詳細地說明其中大小排列。也能從圖表裡回應後續老師延伸的問題。

單元名稱	問題類型／內容	作品名稱	作品照片	作品說明／評述
你我他——精打細算	Type IV：能運用基本運算進行問題解決。	分糖果		這是需要一連串問題解決能力的問題，首先要計算出 9 個杯子中的糖果總數（連加）；在平分給 4 位同學之前，要先想辦法處理一定會多出來的糖果顆數，這就是造成接下來平分數不同的多種可能答案，F 生在此活動中，很快就能掌握此關鍵，他提出：「要給老師奇數顆才可以」，因此嘗試了「1、9（5 是我們的暖身）」，然後把剩下的總數平分給 4 位同學時，他建立了「大的數目＋小的數目」的概念，可以湊成 4 對一樣大的數目，因此漂亮地完成這個需要「公平」分糖果的任務！
節慶——春節百匯	Type IV：能自行設計大富翁。	來玩大富翁		這個遊戲設計本身，必須融入「獲得獎金（加法）」、「損失財產（減法）」、「命運（不確定）」的機制，G 生很有自己的看法，他可以一個人獨立製作，以及隨機的安排整個路徑；之前對於折扣有相當的了解，也把「打折」的概念融入其中！完成之後，他很願意把完整設計與同學一起玩，從中獲得相當的成就感！

單元名稱	問題類型／內容	作品名稱	作品照片	作品說明／評述
家庭——旅遊行動家	Type Ⅴ：能自行設計旅遊路線。	旅遊地點與方位圖		一拿到地圖就能正確地標示方位標誌；他能從老師口述的相對位置找到該地點在整張捷運地圖中的正確位置（例如：編號9的科教館在忠孝復興站的西北方；這是小四的程度），並且加入很可愛的小插圖，速度又快又正確！從中更找到自己居家附近的科技大樓站，畫起了自己家裡的平面圖。由此可看出E生整體與內部的空間概念都非常清晰，並且在應用上也都很正確，能舉一反三！

伍 ——— 自然觀察

▶▶▶ 形形色色 ◀◀◀

課 程 目 標

一、培養幼兒觀察環境的能力。

二、培養幼兒觀察並解釋自然環境的改變。

三、讓幼兒學習運用適當的辭彙表達所觀察到的事物。

單元名稱	教學目標	教學內容設計	問題類型	多元智能教學方法	不同能力學生課程調整方式
明察秋毫	一、能運用感官知覺到環境的改變。 二、能運用感官知覺所得的結果進行資料的解釋與推理。（培養敏銳的觀察力和判斷力） 三、以自己的足跡做各種不同的創作。	一、引導活動。 （準備「明察秋毫」成語故事。參考漫畫成語中的科學故事，薛忠銘，1988）教師講述成語「明察秋毫」的故事後，問學生：孫叔牙是根據什麼線索判斷虎皮是獵戶的？ 二、發展活動。 (一)感官運用：請幼兒描述運用五官觀察到的感覺。（準備問題圖片一張——取自《資優路逍遙遊》，80頁；每位幼兒眼罩一副、「	Type I：能專心聽教師講述故事並說出判官辦案依據的線索。	自然觀察 語文	

單元名稱	教學目標	教學內容設計	問題類型	多元智能教學方法	不同能力學生課程調整方式
明察秋毫		神農嚐百草」故事） 1.千里眼（視覺）──請幼兒觀察一張有問題的圖片，說出這張圖片上有哪些問題（矛盾的地方）？ 2.順風耳（聽覺）──請幼兒說說看耳朵能聽到哪些聲音？ 3.好鼻師（嗅覺）──請幼兒說說看鼻子能聞到哪些味道？ 4.摸骨師（觸覺）──請幼兒輪流戴上自己的眼罩，觸摸對方的骨頭，並說出正在觸摸身體哪一部位的骨頭？ 5.神農氏（味覺）──介紹神農嚐百草的故事。（但基於安全問題，不鼓勵幼兒隨便用味覺觀察） ㈡小小偵探：探討環境中感官觀察到的線索與現象的關係。	Type Ⅱ：能觀察並說出圖片上有哪些問題。	語文	1.問題圖片中約有十幾個矛盾處，觀察及邏輯能力好的學生才有辦法發現五個以上。

單元名稱	教學目標	教學內容設計	問題類型	多元智能教學方法	不同能力學生課程調整方式
明察秋毫		1.教師先示範指出看到蜘蛛絲，表示蜘蛛曾經停留過。請學生找出哪裡有蜘蛛絲，證實蜘蛛在哪裡停留過。 2.到校園或戶外的地上、草坪、枝葉或花朵上……，仔細觀察，有些動物已經不在現場，而某些線索卻能告訴我們，牠曾經在那裡停留或活動過。 （準備放大鏡、小小偵探作業單）〔參考資料：〈明察秋毫〉，《資優路逍遙遊》，77-80頁；〈看誰在那裡〉，《小牛頓》190期，80-87頁〕 ⑴可能留下該痕跡／足跡的是哪一種動物？ ⑵如何判別是否為動物留下的痕跡或	Type I：能找出蜘蛛絲，證實蜘蛛曾經在該處活動過。 Type III：能觀察到環境中動物活動過後留下的線索或現象。	自然觀察 自然觀察 語文	2.對於能力比較好的學生，可鼓勵其設計自己的記錄方式。 3.如果學生無法發展自己的紀錄方式，可提供教師設計的作業單，示範紀錄方式後，請學生完成其他部分。

單元名稱	教學目標	教學內容設計	問題類型	多元智能教學方法	不同能力學生課程調整方式
明察秋毫		足跡？ ⑶用自己方式紀錄你發現的現象或線索，並推想可能是哪種動物留下的痕跡。 ㈢綜合活動。 　1.猜猜看（連連看）遊戲。加入五種問題類型。 　（準備動物園前人行道三十五種動物足跡的數位照片，已標示為何種動物的足跡，做成海報布置教室，並做成配對拼圖） 　⑴能將動物腳印與動物名稱作配對。 　⑵曾經在野外觀察到哪些動物的足跡或留下的痕跡？ 　⑶能運用不同動物留下的足跡進行動物分類。	Type Ⅴ：能用自己的方式紀錄你發現的現象或線索，並推想可能是哪種動物留下的痕跡。 Type Ⅰ：能將動物腳印與動物名稱作配對。 Type Ⅲ：能將野外觀察到動物的足跡或痕跡紀錄下來。 Type Ⅳ：能依配對好的動物足跡特徵將動物分類。	自然觀察 視覺空間 自然觀察 邏輯數學 自然觀察 自然觀察	4.能力好的學生可能發現靈長類、鳥類、貓科動物等不同動物其足跡不同，如果學生未能發現，教師引導學生先將足跡很像的放在一起，再介紹牠們是哪一類動物。

單元名稱	教學目標	教學內容設計	問題類型	多元智能教學方法	不同能力學生課程調整方式
明察秋毫		（準備廣告顏料、水彩筆、粉蠟筆、半開或全開海報紙每人一張） 2.愛的足跡：讓每位學生赤腳，腳上塗上顏料，在海報紙上一一印足跡，並創作具有自己特色的作品。也可以加上手印創作。	Type V：能利用自己的足跡，創作具有自己特色的作品。	視覺空間	

單元名稱	教學目標	教學內容設計	問題類型	多元智能教學方法	不同能力學生課程調整方式
沙灘上的寶藏	一、運用五官觀察貝殼。 二、根據貝殼的形狀特徵進行分類。	一、引導活動。 （準備各式貝殼、兒歌印在海報上，展示於教室） ㈠教師以說故事的方式展示貝殼並引導學生感覺貝殼。 ㈡教師帶領學生唸兒歌：「好玩好玩真好玩，海邊有沙有貝殼，玩水、挖土、撿貝殼，可玩、可挖，真好玩。」請學生跟著老師一起唸兒歌。 二、發展活動。 （準備各式貝殼、貝殼切面實物或圖片、直尺、三角板。貝殼切面圖可參考目擊者叢書；貝類觀察方法可參考中研院網站 http://shell.sinica.edu.tw） ㈠讓學生先依自己的方式觀察貝殼。 ㈡教師帶領學生運用不同的感官體驗、觀察、比較貝殼：形狀、大	Type I：能用各種感官觀察貝類。 TypeIV：能依自己的方式觀察貝殼。 Type I：能依教師示範的方式觀察貝殼。	自然觀察 自然觀察	1.可鼓勵身體動覺能力好的學生，一邊唸兒歌，一邊創作動作。 2.一般學生都是從顏色、大小、形狀等外觀觀察，特別準備貝殼切面，可提示學生從不同面向觀察。

單元名稱	教學目標	教學內容設計	問題類型	多元智能教學方法	不同能力學生課程調整方式
沙灘上的寶藏		小、顏色、切面、摸起來的感覺、聽起來的聲音。 1.依教師所示範方法觀察腹足綱、雙殼綱貝殼。 2.描述所觀察的貝殼有什麼特徵？ 3.觀察貝殼的切面並把它畫下來。 ㈢教師示範測量貝殼的方法，讓學生實際測量貝殼。 1.依教師所示範方法測量腹足綱貝殼。 2.依教師所示範方法測量雙殼綱貝殼。 ㈣幫貝殼找朋友。 1.讓學生進行「幫貝殼找朋友」的活動，先自行依貝殼特性替貝殼找朋友。（分類） 2.請學生說出是根據什麼特性替貝殼找朋友？ ㈤教師介紹科學家對貝類的分類方法。（可參考中研院網站貝類分	Type II：能依教師所示範方法觀察腹足綱、雙殼綱貝殼。 Type I：能描述所觀察的貝殼特徵。 Type I：能描述所觀察的貝殼特徵。 Type IV：能根據貝類的特徵進行分類。	自然觀察 語文 邏輯數學 自然觀察 邏輯數學 語文 自然觀察	3.如果學生能力好，已經會使用直尺、三角板，可讓其測量貝殼的高度、寬度。 4.學生對於貝類的分類知識較為不足，教師需簡化教材讓學生較易了解。

單元名稱	教學目標	教學內容設計	問題類型	多元智能教學方法	不同能力學生課程調整方式
沙灘上的寶藏		類） 三、綜合活動。 （準備圖畫紙、 水彩、水彩筆、 色紙、黏土、膠 水等各種材料） 請學生依分類結 果繪製貝殼家族 畫，創作屬於自 己的貝殼家族畫。	TypeⅣ：能創作屬於 自己的貝殼 家族畫。	視覺空間 邏輯數學	

形形色色：「明察秋毫」學習單

我們到校園或野外的地上、草坪上、枝葉或花朵上，仔細觀察，你會發現有些動物已經不在現場，而某些現象或線索卻能告訴我們，牠曾經在那兒停留或活動過。你可以用任何方式把你發現的現象或線索記錄下來，並推想可能是哪一種動物留下的痕跡。

形形色色：「明察秋毫」學習單

小朋友看看下面圖片有什麼問題，請把有問題的地方圈起來喔！

▶▶▶ **你我他** ◀◀◀

課程目標

一、利用地球儀認識地球的經度、緯度及氣候環境。

二、利用地球儀認識地球上陸地與海洋的分佈。

三、認識台灣的地理位置。

四、認識台灣的地理環境及特殊的地理景觀。

五、認識台灣的特有種野生動植物。

單元名稱	教學目標	教學內容設計	問題類型	多元智能教學方法	不同能力學生課程調整方式
親親台灣	一、認識地球的經度、緯度及氣候環境。 二、認識地球上陸地與海洋的分佈。	一、了解台灣的地理位置。（請準備地球儀一個）。 ㈠地圖與地球儀的認識。 1.方位的認識。 -東、西、南、北四方位的認識與運用。 2.緯度與氣候、溫度的認識。 3.地球環境的介紹（海洋與陸地的分佈、極地、赤道環境） ㈡找出台灣的地理位置。 -介紹地球儀上的各洲。	Type I：指出東、西、南、北四方位。 Type II：隨位置變化指出四方位。 Type I：指出八方位、十六方位。 Type II：隨位置變化指出八、十六方位。 Type I：指出緯度高低、東西經與赤道。 Type II：能描述地球陸地及海洋的分佈。 Type I：指認地球儀上台灣的地理位置。	視覺空間 語文 邏輯數學 語文 視覺空間	1.高組：八方位、十六方位的認識與應用。 2.高組： (1)緯度、兩極、赤道與氣候、溫度環境的基本認識。 (2)指出緯度高低、東西經、赤道與氣候、溫度間的關係。 低組：緯度、經度、赤道的指認。

單元名稱	教學目標	教學內容設計	問題類型	多元智能教學方法	不同能力學生課程調整方式
親親台灣		-教師利用地球儀，讓學生找出台灣在地理上的位置。 二、認識台灣的行政區。 （請準備台灣行政區地圖一張） -找出由北至南的行政區域。 -找出具有特色的行政區域。 （不靠海的縣、特別狹長的縣…） -找出自己／爸媽／爺爺奶奶居住的城市／地區。 -台灣行政區與交通工具的認識。 （航空距離、火車、汽車等行車距離的估算） 三、認識台灣的地形。 （請準備台灣地形圖一張、台灣地形模型一個、台灣行政區圖一張） ㈠台灣地形模型的認識。 1.讓學生猜測地形模型上不同顏色代表的意義。	Type I ：能指出台灣各地行政區。 Type II ：描述台灣各行政區的地理特色和幾何圖形的配對。 Type I ：能指出自己／爸媽／爺爺奶奶居住的行政區。 Type III ：能大約估算各交通工具的行車時間或依據行車時距估量可能距離。 Type I ：說出地形模型不同顏色所代表的意義。 Type II ：說出台灣地形模型上的地形特色。 Type IV ：以台灣特有種生物為主角，編撰一個故事並用任何形式表	視覺空間 邏輯數學 語文 邏輯數學 語文 自然觀察	3.高組：指認地球儀上的各洲分佈。 4.高組：能說明台灣的地理位置可能帶來的環境。（緯度、氣候、海洋） 5.高組：說出台灣地形特色所帶來的影響。

單元名稱	教學目標	教學內容設計	問題類型	多元智能教學方法	不同能力學生課程調整方式
親親台灣		2.學生找出台灣最高的山，並對照行政區圖、地形圖找出最高山名、所在縣市。 ㈡台灣地形的特色。（台灣特有蝴蝶標本一組、台灣特有生物圖卡）從模型上找出台灣地形的特色。（中央山脈分隔東西部，西岸綠色部分較東岸多） 四、認識台灣的特有種動植物。 ㈠教師出示特有種動植物圖片並說明其分佈區域、生活習性。 -藍腹鷴 -台灣黑熊 -櫻花鉤吻鮭 -白耳畫眉 -水筆仔 -黑面琵鷺 ㈡讓學生將圖卡放在台灣地圖上，以了解特有種動植物的地理分佈。	現故事內容。		

參考資料▶

行政院農委會特有生物研究保育中心 http://www.tesri.gov.tw

台灣國家公園 http://np.cpami.gov.tw/

行政院農委會林務局自然保育網 http://conservation.forest.gov.tw/mp.asp? mp=10

課程目標

一、藉由課程活動，培養幼兒對大自然的關懷。

二、透過實驗操作了解水土保持的重要性。

三、培養幼兒環境／森林／水保育的觀念與情操。

單元名稱	教學目標	教學內容設計	問題類型	多元智能教學方法	不同能力學生課程調整方式
山和水的悄悄話	一、體會大自然水資源與人類的關係。 二、認識測量容量的器具。	一、引導活動。 　（請準備水桶，每人一個 1000ml 量杯） ㈠洗手活動：在不同流量的水龍頭下洗手，用水桶或其他容器把水接起來，比較每個人不同的用水量。 ㈡討論日常生活中哪些時候會用到水。 　（請準備量杯、量桶、馬錶） ㈢討論如何知道用水量的多少？可以用哪些儀器測量。 　（請準備石頭、碎石頭、沙、相同大小的容器──底部打洞，洞的大小及數量一樣） ㈣教師先引導學生觀察不同質地的石頭，然後利用			
			Type Ⅲ：如何比較誰用的水量多或少？	自然觀察 人際	
			Type Ⅲ：能知道日常生活中哪些時候會用到水。	自然觀察 邏輯數學	1.高組：討論雨量計、雨量的測定法。
			Type Ⅱ：能知道我們用掉的水有多少。		
			Type Ⅴ：哪一個容器水流下去時間最快？哪	自然觀察	2.高組：實驗前探討石頭的哪些特質可能與

單元名稱	教學目標	教學內容設計	問題類型	多元智能教學方法	不同能力學生課程調整方式
山和水的悄悄話	-	相同容量的水，分別倒入裝有差不多體積的石頭、碎石頭、沙的容器，比較其滲透時間。	一個最慢？		滲透時間有關並推論。
		二、發展活動。 （請準備水循環海報一張。經濟部水利署：省水妙計 36 招） 教師引導探討： ㈠水對我們的好處。 ㈡水循環。 ㈢水資源有限，如何節約用水？ （請準備電腦一部） 1.我愛河川網站 http://www.chinatimes.org.tw/river 2.大河戀：http://wireless.ks.edu.tw/~river/ ㈣如何愛護河川（水資源）？	TypeⅣ：水對我們有什麼好處？ TypeⅤ：能知道如何節約用水並善用水資源。 TypeⅢ：在家中如何做以節約水資源。 TypeⅢ：我們的水資源可能受到怎樣的破壞？造成什麼問題？ TypeⅤ：如果我們的河川生病了，我們要如何保護河川？在生活中能做些什麼，讓河川受到的傷害降到最低？	內省 自然觀察 人際	3.高組：討論水循環的基本原理。 低組：說明水循環的過程。 4.高組：探討自然環境、生態平衡中水的角色。 低組：說明家庭用水與污染的關係。
		三、綜合活動。 （請上：經濟部水利署水精靈星球網站 http://www.kidswcis.itri.org.tw）	TypeⅣ：自行利用各種石頭，設計沖蝕速度不同的沖蝕坡。		5.高組：加入均用植被的概念設計沖蝕坡。

單元名稱	教學目標	教學內容設計	問題類型	多元智能教學方法	不同能力學生課程調整方式
山和水的悄悄話		利用網站遊戲上的題目方式進行答題。			

參考資料▶

鄭淑燕、孫梅芳（1988）：幼兒教保活動設計～智能活動。台北市：內政部。

台北市自來水事業處：安全用水須知。台北市：自來水處。

環境復育研究室 http://water.nchu.edu.tw/mainpage.htm

兒童環保教育網 http://www.epa.gov.tw/children/index.html

你我他：「山和水的悄悄話」學習單㈠

一樣多的水，倒入裝有石頭、碎石頭、沙子、泥土的容器，水全部流光要花費多少時間？用馬錶計時並記錄下來。比較哪一個容器水流下去的時間最快？哪一個最慢？

	石　頭	碎石頭	沙　子	泥　土
第一次				
第二次				
第三次				

流下去最快的是：

流下去最慢的是：

哇～好棒喔！完成了！！

你我他:「山和水的悄悄話」學習單㈡

誰的水最少?

庭庭

用了(   ) ml

小翠

用了(   ) ml

安安

用了(   ) ml

瑄瑄

用了(   ) ml

 誰是省水小天使?

▶▶▶ 成長 ◀◀◀

課程目標

一、了解各種種子的構造。

二、藉由種子的種植活動了解植物的生長情形。

三、藉由種子的種植活動了解不同因素下如何影響種子的成長。

四、藉由觀察種子了解種子與傳播間的關係。

五、藉由觀察及創作活動了解種子的各種特徵。

六、利用種子的各種特徵學習分類的方法。

單元名稱	教學目標	教學內容設計	問題類型	多元智能教學方法	不同能力學生課程調整方式
小豆豆的願望	一、藉由觀察活動了解種子的各種特徵。 二、藉由觀察種子，了解種子與傳播間的關係。 三、利用種子的各種特徵學習分類的方法。	（請準備各式種子——紅豆、綠豆、花豆、黃豆、小白菜等） 一、引導活動。 ㈠教師展示各式種子。（配合 DIS-COVER 課程） -帶領學生指認各種種子。 -用眼睛觀察種子的外觀並描述之。（顏色、條紋等） -用手摸摸種子的外皮。（質地粗細……） -種子成熟的模樣。 -觀察並描述種子剝開後的模樣。	Type I：指認各種種子。 Type II：描述種子的外觀。 Type II：描述種子剝開後的模樣。 Type III：推理並說明種子外觀相異的功能。	自然觀察 語文	1.高組：探討種子外觀不同的因素或功能。（傳播、保護等）

單元名稱	教學目標	教學內容設計	問題類型	多元智能教學方法	不同能力學生課程調整方式
小豆豆的願望		(一)利用種子的特性將種子分類。 -教師展示將種子分類的方法三種（依顏色、依大小、依剝開後的模樣）並讓學生仿作之。	Type II：能仿作老師的分類方法。		
		-學生自行找出不一樣的分類法。	Type III：能自行找出分類法。	邏輯數學	
	四、了解各種種子的構造。	二、發展活動。（準備植物構造圖片） (一)介紹種子的構造。	Type I：說出種子的構造。	邏輯數學 自然觀察	2.高組：在「日光」因素中加入探討：
	五、藉由種子的種植活動了解植物的生長情形。	-種子內部構造與發芽後各部位的關係。（準備棉花、珍珠石、水苔、培養土、量杯數個、觀察日誌每生一份。）	Type I：能說出種子內部構造與發芽後各部位的關係。		(1)植物的向光性／逆光性。 (2)向光性／逆光性產生的原因。
	六、藉由種子的種植活動了解不同因素下如何影響種子的成長。	(二)將種子種在不同的介質中以觀察種子在不同介質中的生長情形。			(3)向光性／逆光性的現象。 3.高組評量：
	七、藉由創作活動了解種子的各種特徵。	(三)探討在不同因素下種子的生長情形。 -時間 -水分 -養分 -日光 -介質（不同土壤）	Type II：說出會影響種子的生長狀況的因素。 Type III：能推論介質與種子生長間的關係。	自然觀察 語文	(1)在創作時能加入想像故事。 (2)不同的素材呈現成品。 (3)以立體或平面交錯的方式呈現。
		三、綜合活動。（準備黏土、名片說	Type IV：能利用黏土捏製種子成長過程的系列黏土圖。	視覺空間 自然觀察 身體動覺	

單元名稱	教學目標	教學內容設計	問題類型	多元智能教學方法	不同能力學生課程調整方式
小豆豆的願望		明卡、多色油性筆） 觀察種子後，想像種子成長的過程，利用黏土捏製種子成長過程的系列黏土圖。	Type V：利用種子拼出種子畫。		

成長：「小豆豆的願望」學習單㈠

種子家族畫

姓名：＿＿＿＿＿＿＿＿＿

小朋友，請你想辦法，讓各式種子能住在自己的種子公寓裡，然後告訴老師，種子們為什麼要住在一起？

成長：「小豆豆的願望」學習單㈡　　　姓名：＿＿＿＿＿＿＿＿

小朋友，請你仔細觀察這些水果的種子　，它們是什麼模樣？仔細瞧瞧，它們都一樣嗎？哪裡一樣？哪裡不一樣？為什麼不一樣？請你畫下來。

夏天消暑的西瓜，它的種子在哪裡？

你還知道哪些水果的種子在哪兒？

▶▶▶ 四季 ◀◀◀

課 程 目 標

一、學習記錄觀察與測量的結果。

二、了解氣象資料所代表的意義。

三、自製簡易儀器來測量風向、風速、雨量等氣象現象。

單元名稱	教學目標	教學內容設計	問題類型	多元智能教學方法	不同能力學生課程調整方式
四季交響曲	一、了解四季的景物變化。 二、了解四季的溫度變化。	一、畫說四季。 （準備空白筆記本一人一本，作為四季繪本，記錄四季主題的各種內容） ㈠發下四季繪本，請幼兒畫出自己認為的四季景象，並向大家介紹。（準備四季的圖片、韋瓦第的「四季」CD 或 DVD、電腦） ㈡看圖說故事來辨識四季中不同的景物變化。（植物的生長變化／河川的結冰與融解／人類的衣著變化與活動／動物的冬眠……）	Type Ⅲ：能畫出四季景象。 Type Ⅱ：能辨識四季景物變化。	視覺空間 自然觀察 語文 自然觀察 語文	1.適合不同能力的學生。

單元名稱	教學目標	教學內容設計	問題類型	多元智能教學方法	不同能力學生課程調整方式
四季交響曲		㈢猜猜是哪一季？請幼兒觀察老師準備的各張風景圖是哪一季節，為什麼？	Type I ：能將風景圖與季節做配對。	自然觀察	
		㈣聆聽韋瓦第「四季」，嘗試猜測哪一樂章是春、夏、秋、冬？	Type II ：能聆聽韋瓦第「四季」樂曲，指出樂章代表的季節。	音樂內省語文	
		㈤請幼兒分享自己對四季的感覺。			
	三、能使用溫度計。	二、太陽與溫度。（準備溫度計〔一人一支〕、溫度記錄學習單、月溫度表）			2.若學生上課前就已經會使用溫度計，教師可準備各種不同的溫度計、體溫計，讓其比較各種溫度計的異同。
		㈠體驗太陽與溫度的關係。	Type II ：能體驗太陽與溫度的關係。	自然觀察邏輯數學	
		㈡學習使用溫度計測量溫度：教師講解溫度計的構造、刻度的意義，並示範如何使用溫度計。	Type I ：能正確使用溫度計測量溫度。		
		㈢用溫度計測量不同空間的溫度情形。（比較室內外、太陽下陰涼處的溫度不同）	Type II ：能說出室內外、太陽下、陰涼處的溫度不同。	自然觀察語文	
	四、能製作溫度觀察記錄表。	㈣製作一天（週）的溫度表，請幼兒回家後，於同一時間記錄溫度。	Type III ：能推測室內外溫度不同的原因。	邏輯數學	
		㈤提供月溫度表，與幼兒討論季節			3.全島的氣溫、解讀雨量圖時

單元名稱	教學目標	教學內容設計	問題類型	多元智能教學方法	不同能力學生課程調整方式
四季交響曲	五、能運用自製的簡易儀器測量風速和降雨量。	的月份，將月溫度表繪製成為折線圖。 ㈥提供台灣全島的平均雨量分佈圖，讓幼兒解讀資料並將資料繪製成為長條圖。	TypeIV：將溫度及雨量數據轉換成統計圖表。	邏輯數學	可與台灣地形、地理位置與上學期的「親親台灣」課程作統整。
		三、天氣觀測站。 （準備寶特瓶、空筆、空瓶、膠帶、剪刀等） ㈠介紹方位及風向間的關係。 ㈡四季的風向不同，請幼兒自製「觀測風速機」、「觀測風向機及「降雨量瓶」，可以觀測風向、風速及降雨量。	Type V：運用有限材料自製觀測天氣變化的儀器。	自然觀察視覺空間	
	六、能說出台灣四季的特殊天氣型態。	㈢到校園內各角落測量風速、風向及降雨量，並請幼兒設計記錄表。 ㈣認識四季會出現的特殊天氣型態，如：春天──東北季風；夏天──梅雨和颱風及西南季風；秋天──秋颱；冬天──東北季風（基隆雨）、墾	TypeIV：能閱讀氣象局的溫度及雨量數據表，說出數據的意思。	邏輯數學	

單元名稱	教學目標	教學內容設計	問題類型	多元智能教學方法	不同能力學生課程調整方式
四季交響曲		丁有落山風。 ㈢設計四季繪本封面、封底。	TypeⅣ：能設計四季繪本封面、封底。	視覺空間 自然觀察	

四季：「四季交響曲」學習單㈠

台灣月平均雨量統計圖

姓名：＿＿＿＿＿＿＿＿

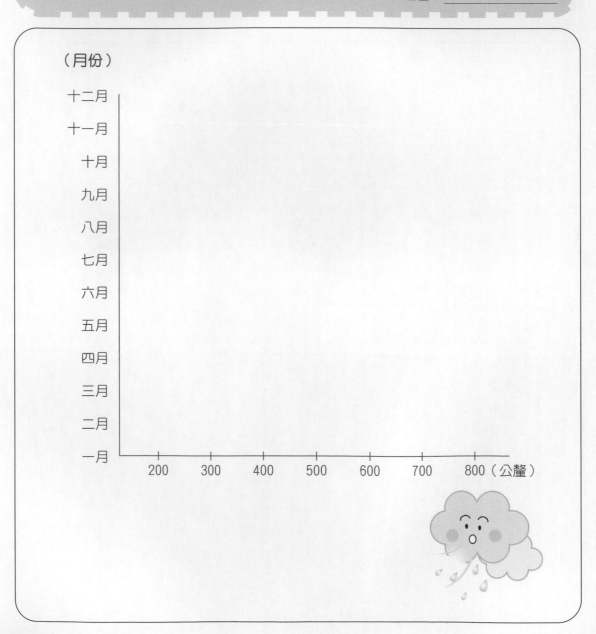

四季：「四季交響曲」學習單㈡

台灣月平均氣溫統計圖

姓名：＿＿＿＿＿＿＿＿＿

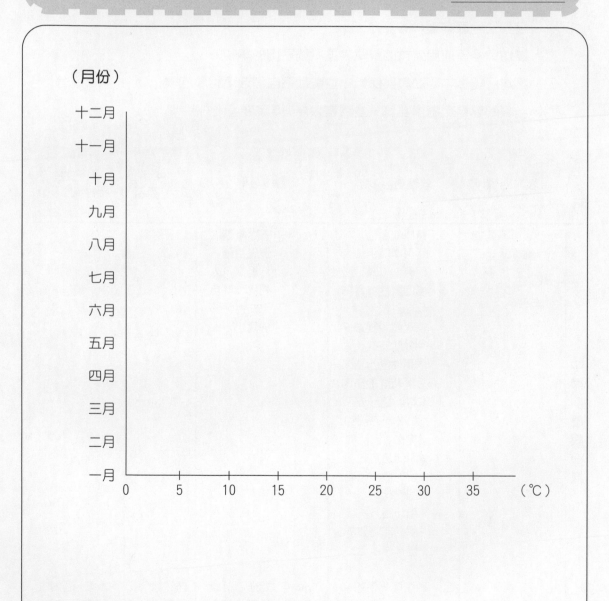

▶▶▶ **節慶** ◀◀◀

課程目標

一、培養幼兒觀察環境的能力。

二、讓幼兒學習運用適當的辭彙表達所觀察到的事物。

三、讓幼兒認識中國節慶與節氣,並能觀察自然環境相關的變化。

四、自製簡易竿影觀察器具,並觀察太陽與竿影的變化。

單元名稱	教學目標	教學內容設計	問題類型	多元智能教學方法	不同能力學生課程調整方式
中國節慶與節氣	一、了解時間的變化。	一、時間的變化。 （可準備手錶、月曆、沙漏、日晷的照片或實物輔助討論） 古代沒有鐘錶、月曆的時候,人們用什麼方法來了解時間的變化? 1.用什麼方法了解一天時間的變化? 2.用什麼方法了解一個月時間的變化? 3.用什麼方法了解一年時間的變化?	TypeⅣ：能想像古代沒有鐘錶、月曆時,人們用什麼方法知道時間的變化。	自然觀察 語文	
		二、觀察陽光下的竿影。	TypeⅡ：能描述所觀察到的竿影	自然觀察 語文	1.能力好的學生可選擇用自己

單元名稱	教學目標	教學內容設計	問題類型	多元智能教學方法	不同能力學生課程調整方式
中國節慶與節氣	二、了解竿影變化與時間變化的關係。	㈠體驗太陽與影子的關係。（到戶外引導觀察陽光下筆直的樹或電線桿等的影子，若遇天氣不佳，以手電筒或其他照明燈模擬陽光）	與太陽的關係。		的方法製作，能力弱的學生可依教師示範的方法製作。
	三、能製作竿影觀察器具。	㈡（準備牙籤、竹筷、剪刀、膠帶、黏土、西卡紙或厚紙板、尺、筆、量角器、指南針）如何製作觀察竿影變化的實驗器具？	Type Ⅲ：能製作觀察竿影變化的實驗器具。	視覺空間自然觀察	
	四、會使用竿影觀察器具。	㈢依自己的方法製作竿影觀察器具。	Type Ⅴ：能根據自己的方法製作竿影觀察器。	視覺空間	
		㈣依教師示範的方法製作竿影觀察器具。（準備竿影變化紀錄學習單）	Type Ⅰ：依教師示範的方法製作竿影觀察器具。	自然觀察邏輯數學	
		㈤學習使用竿影觀察器具觀察並且記錄竿影的變化（長短、方向）：了解竿影變化與時間變化的關係。	Type Ⅱ：能在固定時間觀察竿影的變化並畫下影子長短與方向。	自然觀察	2.能力好的學生可自己設計觀察紀錄表。
		㈥用竿影觀察器具記錄不同時間（間隔一小時）影子變化情形。			
	五、能觀察並記錄竿影變化。	㈦製作一天（週）的竿影變化表，請幼兒回家後上	Type Ⅱ：能製作一天（週）的竿影變化表。	邏輯數學	3.鼓勵學生至少觀察一天的竿影變化，動機

單元名稱	教學目標	教學內容設計	問題類型	多元智能教學方法	不同能力學生課程調整方式
中國節慶與節氣		午 7～9、中午 11～2、下午 4～6 三個不同時段，選擇固定時間記錄竿影的變化。（或利用週日，每隔 1～2 小時觀察一次）			強的學生，鼓勵其觀察一週的竿影變化。
		(八)利用記錄表討論。 1.請幼兒報告觀察記錄。 2.有沒有什麼問題或困難？ 3.什麼時候的竿影最長、最短？ 4.製作的竿影觀察器有沒有需要改進的？	Type II：能報告觀察記錄。	語文	
	六、了解節氣的由來與節氣的制定。	三、節氣的制定。 二十四節氣是如何制定的？ 從竿影的觀察引導到古人觀察一年中，中午竿影的變化制定了二十四節氣。 (一)一年中太陽竿影最短和最長的各是那一天？	Type I：能知道一年中太陽竿影最短和最長的各是哪一天。	自然觀察	
		(二)一年之中哪兩天的白晝與黑夜一樣長？	Type I：能知道一年之中哪兩天的白晝與黑夜一樣長。		

單元名稱	教學目標	教學內容設計	問題類型	多元智能教學方法	不同能力學生課程調整方式
中國節慶與節氣	七、製作節氣圖。	㈢介紹二十四節氣的名稱及排列順序。 ㈣二十四節氣的日期和意義。 四、畫出二十四節氣圖。 （準備量角器、圓規或任何可畫圓的替代品、圖畫紙、筆、彩虹筆） ㈠教師示範量角器的使用方法。 ㈡使用量角器在圓上畫出二十四等分。（每隔15度畫一格線） ㈢能模仿畫出二十四節氣的排列圖。 ㈣自製二十四節氣的排列圖。 （幼兒大部分還不太會寫國字，可由教師提供二十四節氣名稱的貼紙，直接貼上）	Type I ：能依教師示範之方法用量角器將圓分成二十四等分。 TypeIV ：自製二十四節氣的排列圖。	邏輯數學 視覺空間	4.學生大部分還不會使用量角器，且數學計算能力有限，可由教師提供數據15，30，45，60，75，……，360，指導學生在圓周上畫出刻度，分出二十四等分。再讓學生模仿畫出二十四節氣圖，能力好的學生則自創二十四節氣圖。

單元名稱	教學目標	教學內容設計	問題類型	多元智能教學方法	不同能力學生課程調整方式
節慶與節令食物	一、認識節慶、節令食物。	一、引導活動。（準備時令花卉、蔬果的圖片——可參考幼兒季節、四季小百科） ㈠認識節慶食物、糕點。 1.教師介紹中國節慶的特殊食物、糕點。 2.請學生回答教師介紹的節慶食物、糕點。 ㈡認識季節盛產的蔬果、花卉。 1.到校園裡看看現在哪些花最多？ 2.菜市場上擺滿了蔬菜、水果，如何知道哪些是當季盛產的？ 3.帶學生實際到傳統菜市場調查，現在什麼蔬菜、水果最多，而且好吃又便宜？	Type I：能回答教師介紹的節慶食物、糕點。 Type II：能了解校園哪些花最多。 Type III：能想出如何知道哪些是當季盛產的水果、蔬菜的方法。 Type II：能依教師提示的方法請教小販哪些蔬菜、水果是當季盛產的。	語文 自然觀察 邏輯數學語文	1.請語文能力好的學生寫下問蔬菜攤或水果攤老闆的問題。
	二、了解節氣與農業的關係。	二、發展活動。 ㈠了解四時節氣的天氣變化。（例如：梅雨）我們的祖先沒有	Type III：能知道未來幾天天氣的變化。	自然觀察	

單元名稱	教學目標	教學內容設計	問題類型	多元智能教學方法	不同能力學生課程調整方式
節慶與節令食物		氣象預報，怎樣知道未來幾天天氣的變化？ ㈡節氣與農業的關係。 1.節氣與農業有什麼關係？ （可從時令蔬果引導討論） 2.節氣對生長在都市的人有什麼影響？ 三、綜合活動。 ㈠請學生設計並製作時令蔬果迷宮圖。 ㈡找其他幼兒一起玩製作完成之迷宮圖。	Type Ⅲ：能觀察校園內的花卉並記錄。 Type Ⅴ：能根據自己的方法設計迷宮。	自然觀察 自然觀察 視覺空間 人際	2.鼓勵能力好的學生設計複雜的迷宮。

節慶：「中國節慶與節氣」學習單(一)

小朋友，請依據下面的二十四節氣和意義，在圖畫紙上畫出一個二十四節氣圖。

二十四節氣日期和意義

季節	節氣	太陽黃經	節氣日期		節氣意義
			陽曆	陰曆	
春90天18小時	立春	315°	2 月 4 日或 5 日	正月節	春季開始
	雨水	330°	2 月 19 日或 20 日	正月中	雨水增加
	驚蟄	345°	3 月 5 日或 6 日	二月節	始雷，冬眠動物驚醒
	春分	0°	3 月 20 日或 21 日	二月中	晝夜平均
	清明	15°	4 月 4 日或 5 日	三月節	天氣溫暖，景象新鮮
	穀雨	30°	4 月 20 日或 21 日	三月中	雨水增加
	立夏	45°	5 月 5 日或 6 日	四月節	夏季開始
夏94天1小時	小滿	60°	5 月 21 日或 22 日	四月中	農作物開始飽滿
	芒種	75°	6 月 6 日或 7 日	五月節	麥豐收、稻種植
	夏至	90°	6 月 21 日或 22 日	五月中	此白晝最長
	小暑	105°	7 月 7 日或 8 日	六月節	天氣漸熱
	大暑	120°	7 月 23 日或 24 日	六月中	天氣悶熱
	立秋	135°	8 月 7 日或 8 日	七月節	秋天開始
秋91天20小時	處暑	150°	8 月 23 日或 24 日	七月中	天氣漸涼
	白露	165°	9 月 8 日或 9 日	八月節	天涼有露水
	秋分	180°	9 月 23 日或 24 日	八月中	晝夜平均
	寒露	195°	10 月 8 日或 9 日	九月節	天氣漸寒
	霜降	210°	10 月 23 日或 24 日	九月中	天氣轉冷開始有霜
	立冬	225°	11 月 7 日或 8 日	十月節	冬天開始
冬88天15小時	小雪	240°	11 月 22 日或 23 日	十月中	開始飄雪
	大雪	255°	12 月 7 日或 8 日	十一月節	開始下大雪
	冬至	270°	12 月 22 日或 23 日	十一月中	此夜最長
	小寒	285°	1 月 5 日或 6 日	十二月節	天氣寒冷
	大寒	300°	1 月 20 日或 21 日	十二月中	天氣酷寒

參考資料▶農委會網站 http://www.coa.gov.tw/show_index.php

節慶：「中國節慶與節氣」學習單(二)

日晷底座

製作一天（週）的竿影變化表。

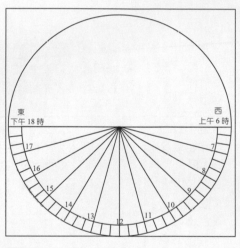

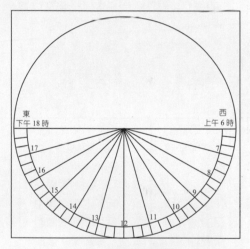

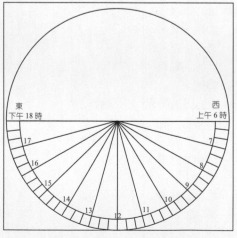

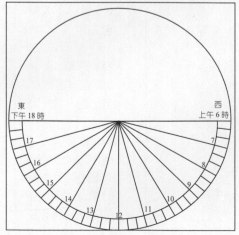

▶▶▶ 家庭 ◀◀◀

課程目標

一、從學習家庭環保的議題中了解環境保護的意義與重要性。

二、了解家庭環保的意義與實施方法。

三、從實驗中提高幼兒對生活化學／物理的興趣。

四、能從廚房中常見的調味料進行實驗。

單元名稱	教學目標	教學內容設計	問題類型	多元智能教學方法	不同能力學生課程調整方式
家庭環保自己來	一、了解環保的意義與重要性。 二、了解家庭環保的意義與重要性。 三、能學會如何在家庭進行環保活動。	一、引導活動。（請準備錄影帶、錄影機、電視機）利用錄影帶與網站的內容與學生探討環保的問題。（錄影帶：環保系列 1~3 回收與再生） 二、發展活動 (一)參觀資源回收站。 (二)自己動手做垃圾分類。 (三)探討家庭中如何進行垃圾分類。 (四)家庭中除了垃圾分類，還可以做的環保活動有哪些？	Type I：能回答錄影帶中的環保問題。 Type II：進行垃圾分類的實作。 Type III：能說出垃圾分類的好處。 Type III：家庭中除了垃圾分類，還可以做的環保活動有哪些？ Type IV：能對錄影帶／教師提出的與垃圾分類有關的問題提出自己的見解或觀點。	人際 語文 自然觀察	1.高組：討論垃圾未分類可能帶給人類的長遠影響。

單元名稱	教學目標	教學內容設計	問題類型	多元智能教學方法	不同能力學生課程調整方式
家庭環保自己來	四、能自製環保玩具。	三、綜合活動。 ·自行創作環保玩具。	Type V：能自行尋找材料以完成環保玩具。		2.能利用環保材料製作具主題性的玩具或模型。

參考資料▶

兒童環保教育網 http://www.epa.gov.tw/children/index.html

單元名稱	教學目標	教學內容設計	問題類型	多元智能教學方法	不同能力學生課程調整方式
廚房中的魔術師	一、能利用廚房中的調味料進行簡單的實驗。 二、能了解實驗原理後自行設計遊戲。	一、喝飽了沒：以鹽、糖水進行飽和溶液實驗。（請準備鹽巴、糖） ㈠讓學生觀察鹽、糖在水中溶解的現象。 ㈡教師讓幼兒預測「如果繼續加鹽／糖到水中，可能會出現什麼現象」。 ㈢教師讓幼兒預測「同樣 10ml 的水，鹽水、糖水兩者要用多少公克的鹽／糖會成為飽和溶液」。 二、鹽水？糖水？ ㈠將鹽水、糖水的飽和溶液置於桌上，讓幼兒思考兩杯的異同。 ㈡引導幼兒分辨鹽水、糖水。 三、層層疊疊。 （請準備透明燒杯、酒精燈、沙拉油、檸檬水、水彩、小磅秤） ㈠將沙拉油與水倒入燒杯中，讓幼兒觀察兩溶液混合之後的變化。	Type I：能說出化學遊戲中實驗前後的變化。 Type II：能仿作實驗。 Type III：能利用廚房中的其他材料設計實驗。	語文 自然觀察	1.高組：指導幼兒利用粉紅色石蕊試紙區分鹽水、糖水。 2.利用鹽水、糖水沸點的差異分辨鹽水、糖水。

單元名稱	教學目標	教學內容設計	問題類型	多元智能教學方法	不同能力學生課程調整方式
廚房中的魔術師		㈡利用比重不同的原理製造分層溶液。 四、無字天書。 ㈠利用檸檬水在白紙寫字。 ㈡將酒精燈置於白紙下方，看看會發生什麼變化。 ㈢讓幼兒自行創作無字天書或圖畫。	Type Ⅳ：能根據實驗推測可能的原因。 Type Ⅴ：能自行設計簡單的化學／物理遊戲。	語文 自然觀察	

家庭：「廚房中的魔術師」學習單

彩色樓梯

小朋友，請你將製作的分層彩色溶液畫在下面。

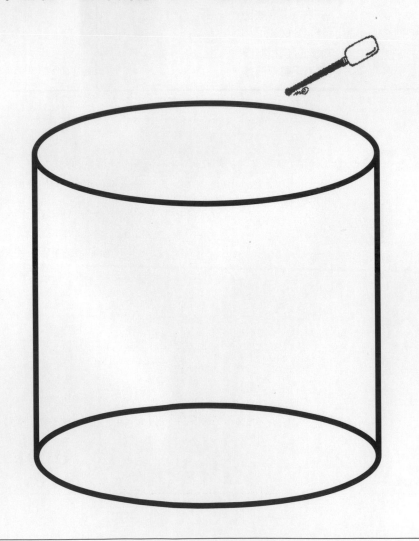

▶▶▶ 學生作品範例 ◀◀◀

單元名稱	問題類型／內容	作品名稱	作品照片	作品說明／評述
你我他——親親台灣	TypeⅣ：用任何一種方式或主題表現台灣。	101大樓		上方一層層的建築物為101。圖中的小人代表各地方的人口，台北市因有很多的人口，所以裡面畫了2個人。
		美麗的台灣島		（B生自述）台灣島右方的島嶼為日本。（上有插日本國旗）北方黃色屋頂者為中正紀念堂，正中央的山為玉山。（上插有中華民國國旗）台灣島左方的黃、綠、紅、橘色橢圓形狀物為小船，且可在畫紙上自由移動，下方為諾亞的方舟，後方還拖著小船。尚有蕃茄、紅蘿蔔以及薯條，台灣島右下方有二島（上為綠島、下為蘭嶼），綠島又稱彩虹島，島面是彩虹的顏色，上有自己的國旗。

單元 名稱	問題類型 ／內容	作品 名稱	作品照片	作品說明／評述
你我他──親親台灣	TypeⅣ：以台灣特有種生物為主角編撰一個故事，並用任何形式表現故事內容。	台灣黑熊爬山記		（C生口述）有一天台灣黑熊去爬山，遇到山上的櫻花鉤吻鮭及藍腹鷴（注意藍腹鷴的藍色尾巴），藍腹鷴假裝成台灣黑熊去溜滑板車，途中遇到火山爆發，台灣黑熊掉到火山裡燒到屁股，突然牠抓到一條繩子就往上爬，繩子斷了，所以牠就摔下來了，摔得眼冒金星，好不容易爬起來後又被響尾蛇咬到流血。
		小魚──櫻花鉤吻鮭去爬山		內容描述台灣特有種櫻花鉤吻鮭在山上孵化為小魚，游下山的過程中，漸漸成為大魚，最後回到大海。海中魚的嘴部具有櫻花鉤吻鮭的特徵──翹翹的下巴。
				櫻花鉤吻鮭上山過程。在爬山的過程中櫻花鉤吻鮭因為長大了，所以身體會隨著不同的氣溫（每100公尺下降6度──D生說的）而改變身體的顏色。途中經過山上的「雪線」。

單元名稱	問題類型／內容	作品名稱	作品照片	作品說明／評述
你我他——親親台灣	Type IV：以台灣特有種生物為主角編撰一個故事，並用任何形式表現故事內容。	小魚——櫻花鉤吻鮭去爬山		櫻花鉤吻鮭下山過程。（還是會經過雪線喔～，而且身體也會漸漸地變回原來的顏色）
四季——四季交響曲	Type V：運用有限材料自製觀測天氣變化的儀器。	集雨器		L生口述：圖面左側是一個集雨器，上面並附有一個感應器，當太陽太大（雨水會蒸發）或有螞蟻（偷喝水）時蓋子會自動蓋起來，集雨器在土壤下並有像「根」的裝置，可以抓住土壤，這樣集雨器就不容易倒掉。接下來，雨水經過地下管線流到右側的水庫，進入水庫之前有一個實驗室，實驗室外並有偵測器可以知道雨量的多少，而圓形物則代表水庫中多餘的水，可以排到土壤中，幫助植物生長及環保。

單元名稱	問題類型／內容	作品名稱	作品照片	作品說明／評述
四季——四季交響曲	Type V：運用有限材料自製觀測天氣變化的儀器。	集雨器		M生設計的集雨器則是在水滿時會發出聲音，下方並有固定器使地震來時不會晃動。另外，地面左方並有「橘皮油」防止蟲蟲入侵，當集水器發出聲音時，研究人員就可以出來倒水。研究人員上方配置有遮雨棚，這樣就不會淋到雨；若要進研究室，則必須通過指紋檢測才得以進入。研究室內並有一台酸雨機以測試雨水是否為酸雨。
		祈雨		M生在這幅畫中呈現的主題是「祈雨」，他將圖畫分成兩部分，右邊圖畫中有個大大的太陽，意味著火紅的太陽照耀大地，「把地上的水都蒸發了，所以大家都在跳祈雨舞」（M生口述）。M生運用簡潔的線條表現出因口渴而感到痛苦人們臉部的生動表情與動作。而左邊圖畫中太陽則變小了（非月亮），是呈現心中的威力減弱的「小太陽」；人們也因為下雨而感到歡欣鼓舞，看他們多開心啊！

單元名稱	問題類型／內容	作品名稱	作品照片	作品說明／評述
四季──四季交響曲	Type V：運用有限材料自製觀測天氣變化的儀器。	集雨器		N生在圖中呈現的是「集雨器」，太陽公公因為下雨天無法露臉而顯得憂鬱。而N生設計的超大集雨器則配置一水管，當水滿了時就可以順著水管流出來，然後「開車將雨水載走，就可以回收再利用」（N生口述）。
		集雨器		O生口述：最左邊藍色（B）部分為水道，水道兩側黃、橘色（Y）部分為特殊的植物，可以防止螞蟻入侵。之後水流向右側進入保留水的水庫〔綠色（G）黏土圈起處〕，右上方是從水庫溢出的水，會從用竹籤做成的水道流入另一個備用水庫，如果備用水庫滿水會流到另一條河；水再往右流動，通過一層層的山洞，就會流到研究雨的實驗室。 評述：O生善於運用多種媒材進行創作，圖片中呈現下雨後雨水流動的情形。O生並考量到「螞蟻會來偷喝水」以及「水庫滿了時有備用水庫」。

單元名稱	問題類型／內容	作品名稱	作品照片	作品說明／評述
家庭——家庭環保自己來	TypeIV：能創作一篇／個關於環境破壞或污染的故事或作品。	水庫		本作品中 O 生呈現的主題有二： 1.砍樹及植樹：O生表示如果砍掉一棵十四歲的樹就要種十四棵一歲的樹。展現保護山林的意念。 2.水庫的設計（右下角）：其表達的意念是水從河流中注入水庫，但同時也會有泥土流入（水裡有58%是土，所以流入水庫的水用兩種顏色混搭——藍色及咖啡色——左上角有解說），因此水庫必須具有「排土」的功能，水經過水庫的處理後會輸出三種東西：⑴泥土，⑵乾淨的水，⑶髒水。乾淨的水就流到家中使用（藍色的房子）。 O生在水庫的設計上表現了完整的概念，從水流入水庫、到經過處理後會有三種產物，乾淨的流到家裡、髒水及泥土流出，表示將所有投入的材料都做了適當的安排與分析。 在技法的部分，O生仍是以小範圍塗鴉的方式完成，呈現其衝動的特質。

單元名稱	問題類型／內容	作品名稱	作品照片	作品說明／評述
家庭──家庭環保自己來	TypeⅣ：能創作一篇／個關於環境破壞或污染的故事或作品。	我的環保書		故事內容（P生口述）：有人用電腦在網路上訂書。有一天，門鈴響了（叮咚！），送來一個包裹，裡面是一本書，書名「環保」，打開書一看，主題是「砍樹」，砍樹之後有人在家裡睡覺，被土石流淹沒。第二個主題是「垃圾」，因為有人亂丟垃圾，所以樹下都是垃圾。第三個主題「省電」，在屋頂裝太陽能板可以省電，「全文完」。以後，書又會送給不同的人看，整個故事又從頭開始。 評析： 漫畫式的作品是 Q 生的最愛，在故事內容的呈現上具很好的邏輯順序，有原因、過程及結果，甚至故事中還有「故事」及次主題，思考縝密。 在技法的運用上，用簡單的線條、少數的文字表達出豐富的概念；在分鏡的運用上，Q生也總是可以擷取最適當的「物品」做為畫面中的主題。在「門鈴響了」及「以後」兩個格子中呈現的「動作」及「聲響」更是生動。

開發智能・解決問題

單元名稱	問題類型／內容	作品名稱	作品照片	作品說明／評述
家庭──家庭環保自己來	Type IV：能創作一篇／個關於環境破壞或污染的故事或作品。	生病的山坡		Q生作品呈現的主題是人類在山坡上濫墾濫伐的情形，包括有工人用斧頭伐木、用挖土機濫墾山坡地；像香菇的是樹木，像積木的是被砍掉樹幹的樹頭。畫面所呈現的主題鮮明、生動，例如：被挖土機挖掉的山坡已經破了一個洞、被砍斷的樹木一半在地上。

陸 ———— 視覺空間 —

►►► 形形色色 ◄◄◄

課程目標

一、滿足幼兒對創作表現的自然需要。

二、培養幼兒良好的創作習慣與態度。

三、促使幼兒認識創作材料及工具的使用方法。

四、擴充幼兒生活經驗並培養創作的興趣。

五、增進幼兒欣賞、審美、發表及創造的能力。

六、結合多元智能的教學，增進學生多元智能的發展。

單元名稱	教學目標	教學內容設計	問題類型	多元智能教學方法	不同能力學生課程調整方式
我和我的寶貝	一、讓幼兒注意人像作品中主題人物與說明性景物之關係。 二、讓幼兒嘗試以繪畫的方式自我介紹。	（請準備單槍投影機或電視機、自畫像圖片、八開圖畫紙、粉蠟筆或彩色筆、剪刀） 一、請幼兒畫出三種自己最喜歡的東西。 二、剪下自己畫的三種物品。 三、將剪下來的三個物品貼在另一張紙上並結合在自畫像中。 四、介紹自己的作品。	Type V：任意畫出自己喜歡的三種物品。 Type II：能剪下三個物品。 Type IV：能用剪下的物品，畫出「我和我的寶貝」。 Type IV：能用圖畫自我介紹。	視覺空間自然觀察 視覺空間 內省視覺空間 語文	能力較佳之幼兒可同時將三件物品結合於自畫像中，能力稍差者可考慮減少融入自畫像的物品數量。

單元名稱	教學目標	教學內容設計	問題類型	多元智能教學方法	不同能力學生課程調整方式
九個太陽	一、人物動作的表現。 二、「太陽」的造型表現。	（請準備后羿射日故事圖片、各種不同的太陽之表現作品、八開圖畫紙、粉蠟筆或彩色筆、黏土） 一、老師說故事：「后羿射日」。（可事先準備繪本或搭配電子檔播放） 二、請幼兒表演射太陽的動作。 三、請幼兒畫出「后羿射日」的故事。（要求太陽要有不同的造型）	Type III：請幼兒表演射日的動作。 Type IV：請幼兒設計九個不一樣的太陽。 Type IV：使用媒材表現后羿射日的故事。	身體動覺 視覺空間	依學生之能力，故事亦可以黏土來表現。
盧梭的森林	一、能欣賞與認識畫家盧梭及其作品。 二、能觀察各種不同的植物造型及特色。 三、綠色系的練習。 四、能結合各種不同的動植物造型，設計想像中的森林。	一、（準備盧梭自畫像與叢林的作品）欣賞盧梭作品。 二、觀察盧梭畫作裡不同植物造型的表現。 三、（準備各種造型的樹葉）觀察實際的植物並說出各種植物的特色。 四、（圖畫紙與著色工具）運用不同的植物來設計自己的秘密森林。	Type I：能找出作品中的動物。 Type II：能說出作品中的植物造型有哪些？ Type III：能說出自己看過哪些不同的植物與葉子，並畫給大家看。 Type V：畫出自己想像中的秘密森林。	語文 自然觀察 視覺空間	1.能力較佳的學生可運用蠟筆進行綠色系的練習，讓學生運用不同的顏色混合畫出不同的綠色系。 2.要求能力佳的學生，作品中要包含多種不同的動植物。

單元名稱	教學目標	教學內容設計	問題類型	多元智能教學方法	不同能力學生課程調整方式
餅乾國王	一、能認識各種不同的幾何圖形。 二、能運用實物的造型進行拼畫活動。 三、創作想像中的餅乾王國。	一、（準備實物拼畫的 powerpoint）作品欣賞：呈現各種實物拼畫作品。 二、（準備各種不同形狀、造型的餅乾與糖果）各種餅乾與糖果的形狀分類。 三、運用各種餅乾與糖果進行實物拼畫。 四、（準備圖畫紙與著色用具）畫出想像中「餅乾國王」。	Type I：說出各種餅乾與糖果的形狀與顏色。 Type II：將餅乾與糖果進行分類。（形狀、顏色） Type III：用自己的方法將餅乾與糖果進行分類，並說出分類的理由。 Type IV：用你的餅乾、糖果排列成一個「餅乾國王」。 Type V：創作想像中的餅乾王國。	邏輯數學 視覺空間	1.視學生能力可以只進行實物拼畫或是拼畫與創作兩項活動都進行。 2.能力較佳的學生可要求實物拼畫時兼顧實物造型與色彩的配置。

▶▶▶ 你我他 ◀◀◀

單元名稱	教學目標	教學內容設計	問題類型	多元智能教學方法	不同能力學生課程調整方式
色紙、報紙，好朋友	一、認識各種不同的顏色。 二、認識各種顏色的相似色。 三、了解混色的變化。 四、運用相似色拼貼圖畫。	一、（準備色相環）認識色相環上的各種顏色。 二、（準備水彩、試管及竹筷子）運用水彩與試管進行調色活動。 三、（準備色紙與報紙、雜誌）幫各種色彩找好朋友——相似色的練習。 四、剪下報紙、雜誌上的各種色塊進行拼貼活動。	TypeⅠ：說出色相環上的顏色。 TypeⅡ：調出老師要求的顏色。 TypeⅢ：幫老師指定的顏色找朋友。 TypeⅣ：選擇一個顏色並用色紙、報紙上的類似色圖塊拼貼作品。	視覺空間 數學邏輯 視覺空間	對於能力較差的學生可以提供設計好的構圖讓學生拼貼。
香噴噴的教室	感官經驗（嗅覺）的想像表現。	（準備香精油數種） 一、教師先將沾有不同香精的棉花藏在教室的不同角落。 二、請幼兒找出「藏在教室裡的味道」。 三、畫出自己對找到的香味之聯想。 四、每個人噴灑幾滴不一樣的香水。 五、畫出教室內香噴噴的我和同學。	TypeⅡ：運用感官找出教室中的味道。 TypeⅢ：描述並畫出不一樣的香水味道。 TypeⅣ：畫出教室內香噴噴的我和同學。	自然觀察 視覺空間語文 視覺空間	可針對學生能力選取香味較明確（如柑橘、檸檬、薄荷、玫瑰）或幼兒較不熟悉（如佛手柑、尤加利等）的精油或香水。

單元名稱	教學目標	教學內容設計	問題類型	多元智能教學方法	不同能力學生課程調整方式
我和老師玩氣球	一、感官經驗（觸、視覺）的再現練習。 二、動作與重要性比例表現。	一、（準備大氣球數個）吹氣球。 二、玩氣球。（拋接、不同的運球方式、自創獨特的運球方式等） 三、畫出「我們在玩氣球」。	Type I：依照老師指定的動作拋接氣球。 Type III：扮演不同的動物將球運到指定的地點。 Type IV：運用自己獨創的動作將球運到指定的地點。 Type IV：畫出全班一起吹氣球、玩氣球的情形。	身體動覺 身體動覺 身體動覺 自然觀察視覺空間	亦可以其他球類（如大型觸覺球）代替。

單元名稱	教學目標	教學內容設計	問題類型	多元智能教學方法	不同能力學生課程調整方式
美麗的彩虹王國	一、心像表現。 二、水性媒材試驗。（顏色與水、顏料與顏料的關係）	（準備彩虹與野獸派作品圖片、廣告顏料一盒、水彩筆數枝、四開圖畫紙、抹布、筆洗） 一、彩虹的顏色。 　（照片欣賞後引導幼兒說出彩虹的顏色） 二、如果我們生活周圍的景物都是彩虹的顏色時，看起來可能會如何？（德安、馬諦斯、烏拉曼克作品欣賞） 三、用七種顏色（彩虹）的水彩，完成美麗的彩虹王國。	Type I：說出圖片中的顏色、景物與特色。 Type II：正確地使用水性顏料。 Type V：想像一個美麗的彩虹王國並將它畫出來。	自然觀察 語文 視覺空間	視學生能力可將七種顏色的顏料事先調好。 Type V 的活動亦可調整為 Type IV。（例：畫出一座彩虹城堡）

▶▶▶ 成長 ◀◀◀

單元名稱	教學目標	教學內容設計	問題類型	多元智能教學方法	不同能力學生課程調整方式
誰的房子最高？	一、立體造型設計。 二、綜合媒材（土、紙板、木棒、竹筷等）試驗。	一、（準備單槍投影機或電視機。著名建築圖片、陶土每生二包、木刀一組、厚紙板、香皂）世界著名建築圖片欣賞。 二、利用老師提供的材料來進行蓋房子比賽。	Type III：欣賞建築圖片時，能指出各個建築的特色。 Type IV：運用各種素材，和同學比賽蓋出一個最高的房子。	自然觀察 語文 視覺空間	Type IV 之活動可視學生能力減少媒材種類。（或使用單一媒材）
我是大巨人	一、「大」與「小」之對比。 二、人物重要性比例表現。	一、（準備單槍投影機或電視機。四開圖畫紙、粉蠟筆或彩色筆）影片《親愛的，我把孩子放大了》片段欣賞。 二、扮演大巨人。（搬東西、看到普通人、遇到房子等情形） 三、想像自己是大巨人並表現之。	Type I：回答影片中大小比例之問題。 Type IV：表演大巨人在特定情境中的動作。 Type V：請幼兒畫出自己變成大巨人後可能的情形。	自然觀察 身體動覺 視覺空間	教師可先畫好「普通人」的尺寸（約 3～5cm），影印後，請學生剪下貼於作品上後再畫出大巨人與其他普通人。

單元名稱	教學目標	教學內容設計	問題類型	多元智能教學方法	不同能力學生課程調整方式
好酸的檸檬	一、能說出感官經驗。 二、能將感官經驗與表情進行配對。 三、能觀察表情的變化及特徵。 四、畫出各種不同的表情變化。	一、（準備檸檬與糖果）以五官觀察糖果與檸檬。 二、分別嚐嚐檸檬與糖果的味道。 三、做出吃糖及檸檬的表情並說出該表情的特點。 四、（準備圖畫紙與著色用具）畫出「我吃檸檬和糖果的經驗」。 五、將表情與感官經驗配對。	Type Ⅰ：回答觀察檸檬與糖的結果。 Type Ⅱ：做出吃檸檬與糖果的表情。 Type Ⅲ：描述檸檬切開的樣子與味道。 Type Ⅲ：描述各種表情的特徵與意義。 Type Ⅳ：畫出「我吃檸檬和糖果的經驗」。 Type Ⅴ：畫出各種不同的表情與發生該表情的感官經驗。	自然觀察 語文 視覺空間	對於能力較佳的同學，要求其畫出更多的表情，並描述各種感官經驗讓同學進行配對。

單元名稱	教學目標	教學內容設計	問題類型	多元智能教學方法	不同能力學生課程調整方式
魔法麵條	一、心像表現。 二、各種線條的練習。	一、（準備 VHS 影帶放映機、電視機）「巫婆奶奶」影片欣賞。 二、（準備八開圖畫紙、粉蠟筆或彩色筆）跟著老師練習畫出幾種不同的線條：直線、曲線、長線、短線等。 三、畫出被麵條淹沒的情景。	TypeⅠ：跟著老師練習畫出幾種不同的線條。 TypeⅡ：用剛才練習的線在老師畫的空白碗公裡畫滿一碗麵條。 TypeⅤ：想像你的幼稚園（或台北市、動物園等）被魔法麵條淹沒了，畫出這個有趣的景象。	視覺空間 視覺空間 視覺空間	視學生能力可指導麵條（線條）的重疊表現。

▶▶▶ 四季 ◀◀◀

單元名稱	教學目標	教學內容設計	問題類型	多元智能教學方法	不同能力學生課程調整方式
彩色黏土過五關	以彩色黏土為媒材，讓幼兒嘗試五種類型問題的解決可能。	一、（請準備圓球、圓餅、圓錐、三角形、長條狀）將五種顏色的黏土捏出老師指定的造型（圓球、圓餅、圓錐、三角形、長條狀）與數量。 二、將五種造型排列、變形成老師指定的東西。 三、運用新的技巧完成想像的「漂亮王國」之製作。	Type I ：跟著老師捏出指定的五種造型。 Type II ：五種造型依照老師要求的數量分別捏出。 Type III ：將以上完成的五種造型排成一張臉。 Type IV ：將五種基本造型加以變化，完成一棟建築物。 Type V ：利用今天學會的塑形技巧，完成一座你的漂亮王國。	視覺空間 自然觀察 視覺空間 視覺空間 視覺空間 視覺空間	Type III 可視學生能力提示臉部五官與各造型之關係。
熱呼呼、冷冰冰	一、感覺（觸）經驗再現。 二、欣賞藝術作品中冷熱色系的表現。	一、（準備八開圖畫紙、冷熱色系作品圖片）欣賞藝術作品中冷與熱的色彩表現。（老師可先行以影像處理軟體變更某些圖片的色相） 二、（準備冷、熱水各一盆、抹布）	Type III ：能說出不同色調作品的感覺。 Type II ：能歸納各張圖片中冷、熱色系的顏色色相。	自然觀察 邏輯數學	可視學生能力狀況採用水性媒材。

開發智能‧解決問題

單元名稱	教學目標	教學內容設計	問題類型	多元智能教學方法	不同能力學生課程調整方式
熱呼呼、冷冰冰		請幼兒摸冷水、泡熱水。 三、（準備繪畫用具）畫出雙手泡冷（熱）水的經驗。	TypeIV：能畫出泡冷、熱水的經驗。 TypeV：表現自己對冷、熱經驗的聯想。	視覺空間 語文	
美麗的春神	一、強、弱對比之感受。 二、「春神」造型的想像表現。	一、（準備電視機、VCD放影機。欣賞《幻想曲2000》火鳥片段。老師事先收集不同春神、花神的美術表現圖片）播放《幻想曲2000》影片與不同的「春神」作品圖片，欣賞不同的春神表現。 二、（準備八開圖畫紙和繪圖用具）請幼兒想像春神的樣子並繪出。	TypeII：能描述故事內容與人物特色。 TypeIII：能說出不同的春神特色。 TypeV：能畫出自己想像的春神和一個春天的故事。（以其他季節為主題亦可）	語文 自然觀察 視覺空間	視學生能力可將TypeV的活動改成TypeIV：以花或昆蟲為主題設計春神的造型。
杜鵑花與百合花	一、感（視）覺經驗再現。 二、觀察花卉的技巧與方法。	一、（準備花卉圖片、百合鮮花、校園中的杜鵑花）欣賞老師準備的花卉圖片。（提示幼兒觀察杜鵑花花瓣上的特徵）	TypeIII：能仔細觀察杜鵑花，說出杜鵑花特別的地方。	自然觀察	TypeIII的寫生活動亦可以更改為TypeIV：設計一座春天的美麗花園。

單元名稱	教學目標	教學內容設計	問題類型	多元智能教學方法	不同能力學生課程調整方式
杜鵑花與百合花		二、掌握杜鵑花的特徵後至校園內尋找杜鵑花，並完成學習單。（請準備繪畫用具） 三、仔細觀察並畫出教室內的百合花。	Type Ⅱ：自行完成杜鵑花的學習單。 Type Ⅲ：能畫出教室內的百合花。（重點特徵：花瓣數、花瓣上的斑點、葉子形狀）	自然觀察 視覺空間 自然觀察 視覺空間	

▶▶▶ **節慶** ◀◀◀

單元名稱	教學目標	教學內容設計	問題類型	多元智能教學方法	不同能力學生課程調整方式
祝福的圖畫信	一、能了解對稱的概念。	一、（準備剪紙圖片數張）欣賞中國民俗的春節剪紙藝術，例如：春或是窗花中的蝙蝠代表著福字。	Type Ⅰ：指出剪紙中的對稱關係，如上下對稱或左右對稱。	語文視覺空間人際	1.利用電腦遊戲介紹對稱的概念，幫助能力較差的學生了解。
		二、認識剪紙中對稱的關係，例如：上下對稱或左右對稱；可以藉由電腦軟體或鏡子來輔助教學。	Type Ⅱ：說出年節常見到的春節剪紙或文字。		2.能力較佳的學生，可補充介紹空間對稱概念，讓他們的卡片作品能有上下左右對稱的表現。
	二、用色紙剪出對稱的圖形。	三、（準備剪刀、色紙、膠水、美工用品）利用對稱的剪紙方式剪出不同的造型，老師可以示範折不同的對稱軸或不同對折的次數，讓學生討論這樣會對剪出的圖形造成何種影響。	Type Ⅲ：說出不同的摺疊方式對剪出的對稱圖形之關係。 Type Ⅳ：運用對稱的剪紙方式剪出不同的對稱圖形。		3.能力較佳的學生可以嘗試立體造型的設計，如蝴蝶或其他小動物。
	三、對稱的圖形組合成一幅作品。 四、專注與創作熱忱。	四、運用各種剪紙造形設計一張卡片送給同學並祝他兒童節快樂，也可配合學生的需求，設計卡片給不同的對象。	Type Ⅴ：利用不同造型的對稱剪紙，設計一幅祝福同學兒童節快樂的圖畫。		

單元名稱	教學目標	教學內容設計	問題類型	多元智能教學方法	不同能力學生課程調整方式
色彩的秘密	一、認識色彩在各個不同的文化中所代表的意義。 二、認識色彩三原色。 三、認識色彩的組合。 四、運用調色技巧調出所需的顏色。	一、（準備三菱鏡及色相環）藉由三菱鏡透光的實驗與 powerpoint 介紹色彩三原色。 二、討論不同的顏色給人的感受與代表的意義。 三、（準備試管數支、水彩及竹筷子）色彩的介紹：利用試管示範不同調色的結果。 四、調色遊戲，讓學生調出指定的顏色並嘗試其他顏色的組成關係。 五、（準備著色用的圖畫紙，老師可以選用已設計好的圖案，讓學生進行著色）利用三原色調出所需的顏色完成圖畫的著色。	Type I ：說出三原色。 Type II ：說出特定顏色的配色組合。 Type III ：利用顏料製作色相環。 Type IV ：利用三原色調出各種顏色並發現各種顏色間的關係。 Type V ：運用三原色調出的各種色彩完成動物著色畫。	視覺空間 人際 邏輯數學	能力較佳的學生，可嘗試多種顏色的混色，說出混色後的結果。並製作較複雜的色相環。

單元名稱	教學目標	教學內容設計	問題類型	多元智能教學方法	不同能力學生課程調整方式
煙火表演	一、能運用水彩吹畫製作煙火的效果。	一、（準備各式的煙火圖片或 power-point，如果有動態的影片更好）展示各種煙火的圖片。			能力較佳者，可再增加美勞技巧，例如：運用牙刷噴刷或實物拓印、海綿刷畫來創作不同的煙火。
		二、（準備吸管、水彩、圖畫紙）運用吸管吹畫製作煙火的畫面。注意吹畫的顏料水量調配以及不同角度、力量會吹出不同的煙火造型，老師可先示範或請學生上台示範，以免學生作品失敗。	Type II：依照示範仿作指印畫與吹畫。 Type III：如何利用吸管吹出理想的煙火？（不同粗細、力量、角度對形狀的影響）	視覺空間 語文	
	二、能運用指印畫設計出不同的造型。	三、（準備不同顏色的印泥、圖畫紙、衛生紙）練習指印畫，設計出不同的人物造型。老師示範指印畫的技巧，例如：結合多個指印、運用不同顏色的印泥、壓印的角度與力量等。			
	三、能結合不同的美術技法完成作品。	四、結合指印、吹畫與其他彩繪方式設計出國慶的煙火的觀賞情形。	Type IV：結合指印與吹畫技巧創作觀賞煙火的雙十節。	身體動覺	

單元名稱	教學目標	教學內容設計	問題類型	多元智能教學方法	不同能力學生課程調整方式
名字畫	一、圖像表達意思。 二、練習抽象、借代等技巧。	一、（準備簡單的燈謎，題目不要太難）燈謎比賽，準備簡單的小燈謎，讓學生競賽，並討論題目與答案的關係。	Type Ⅰ：說出圖畫成語的答案。 Type Ⅱ：如何能猜出圖畫成語的答案。	語文 人際	若學生語文能力較差，不會寫名字，可改以美化自己的名字或選擇學生熟悉的文字。
		二、（準備成語猜謎的圖像）圖像成語猜謎。	Type Ⅲ：能將自己的名字分解並運用圖像或借代的方式替換掉名字中的部分。	語文 邏輯數學	
		三、運用圖像化的方式，設計自己與老師的名字畫。			
		四、猜名字競賽，讓學生猜一猜作品中的名字是誰的。	Type Ⅳ：創作名字圖畫。	視覺空間	

▶▶▶ 家庭 ◀◀◀

單元名稱	教學目標	教學內容設計	問題類型	多元智能教學方法	不同能力學生課程調整方式
裝飾馬諦斯的房間	一、名畫改創。（作品：紅色的和諧） 二、裝飾圖案與室內空間設計。	一、（準備馬諦斯作品圖片《紅色的和諧》描線圖、二十四色相環、繪圖用具）簡介野獸派與馬諦斯的作品特色。 二、作品《紅色的和諧》改造。	Type II：說出作品中的顏色。 Type II：剪下《紅色的和諧》中的婦人、水果盤與椅子。 Type IV：幫馬諦斯設計新的房間與壁紙圖案。（需包含剪下的舊物品）	視覺空間 視覺空間 視覺空間 邏輯數學	視學生能力提示對比色搭配的鮮明效果。
到親戚家去玩	一、經驗的回想與表現。 二、限定範圍的裝飾設計。	（準備畫紙、色紙、彩色油土、剪刀、膠水、繪畫用具） 一、用圖畫紙折出房子。 二、以彩繪用具裝飾房子的外觀。 三、回想並繪出親戚家有趣的事物。 四、將「到親戚家去玩」的途中情景表現出來。	Type I：跟著老師正確地用圖畫紙折出房子。 Type II：用圖畫紙折出另一間房子。 Type IV：設計房子的外觀與描繪屋內情形。 Type V：設計一個方式將「到親戚家去玩」的途中情景表現出來。	視覺空間	視學生能力與教學時間，可鼓勵幼兒對房子的外觀進行改造。

單元名稱	教學目標	教學內容設計	問題類型	多元智能教學方法	不同能力學生課程調整方式
漂亮媽媽卡	一、能運用（報紙）拼貼方式創作卡片。 二、「漂亮媽媽」之心像表現。	一、發表媽媽在自己心中的形象。 二、（準備報紙與雜誌——圖片多一點的、剪刀、膠水、西卡紙）配合母親節運用報紙與雜誌的圖片拼貼一張「漂亮媽媽卡」給媽媽。 三、發表自己的創作並介紹自己的媽媽。	Type II：依老師指導的方式剪下所需的圖片。 Type III：說出媽媽在心中的形象。 Type III：介紹自己的媽媽。 TypeIV：運用圖片拼貼成一張漂亮媽媽卡。	視覺空間 人際	老師可以提供拼貼用的其他材料，如立體的實物小貼紙讓學生使用。
不一樣的房子	一、認識不同造型的房子。 二、能說出不同房子的構造及差異。 三、運用不同的紙材製造立體的房屋造型。	一、繪本《橘色奇蹟》欣賞。 二、（準備不同的建築圖片或power-point）建築與雕塑作品欣賞。 三、（準備各種不同的紙張，如瓦楞紙、西卡紙、色紙等）認識不同的紙材及其特性。 四、立體造型的練習。 五、（準備白膠、剪刀及各種紙張）運用不同的紙材及立體造型設計一個不一樣的房子。	Type II：依照老師指導製作立體的紙造型。 Type III：回答圖片中建築或雕塑最特別的地方。 Type III：說出不同的紙之間的差異及特色。 TypeIV：以各式材質的紙片完成一座特別的房子。	視覺空間 語文 自然觀察 邏輯數學 語文 視覺空間	依學生能力狀況可將TypeIV的活動改為限定媒材或單一媒材。（如彩繪）

►►► 學生作品範例 ◄◄◄

單元名稱	問題類型／內容	作品名稱	作品照片	作品說明／評述
形形色色——我和我的寶貝	Type V：將自己所喜歡的寶貝與自畫像結合成一張完整的圖畫。	我和我的寶貝		M 生的作品充滿了豐富的色彩，能注意人物細部的描述，並且很具裝飾性。她巧妙地把她喜歡的寶貝融合在畫面中，所以有胖胖的海豚、七彩的彩虹，美麗的房子以及她的家人，至於她最喜歡的水果，經過小小的思考後，她把梨子變成了天空中的太陽。
				N 生的繪畫技巧相當成熟，能夠很清楚地畫出她所要呈現的物品，作品中可以看到一隻可愛的小馬還有可口的可麗餅。但 N 生比較容易受到範例的影響，跟老師一樣地畫出一棟高樓；將喜歡的寶貝組合在一起時，較無法注意到畫面的合理性，但能注意到構圖的美感與平衡。

單元名稱	問題類型／內容	作品名稱	作品照片	作品說明／評述
形形色色——我和我的寶貝	Type V：將自己所喜歡的寶貝與自畫像結合成一張完整的圖畫。	我和我的寶貝		O生是一個充滿想像力的小朋友，畫面中的獨角仙相當生動，能注意到獨角仙多刺的腳，可見他的觀察力相當好。他創作時常常會自言自語地敘述畫面中所呈現的故事，例如：坐船出去會看到海豚跳出來；有人在樓上丟出瓶子打到樓下的人……。整個作品很有動感與故事性。
				天上的小狗是P生口中的哥哥，因為前陣子過世了，所以P生將他畫到天上，邊畫還邊說：哥哥上天堂。並且敘述著她跟哥哥的故事。下方的房子（中間那棟）是P生的家，她用不同的顏色代表不同的樓層！創作時她很容易沉溺於歷程中的某一個步驟，例如：這幅作品中可看出，她不斷地畫出相同的房子，但似乎也不是為了構圖的完美。

單元名稱	問題類型／內容	作品名稱	作品照片	作品說明／評述
形形色色——九個太陽	TypeⅤ：創造出后羿射日時被射下的太陽。	九個太陽		I生的作品充滿了想像力，造型多元，跳脫出太陽的刻板形象，而且善用媒材，如立體的保麗龍球、假眼珠等等。創作最大的太陽時，四射的紅金色光線是I生利用彩色膠帶仔細貼出來的，因為耗時較多，所以其他的太陽他選擇以平面的方式來設計。
				J生的太陽似乎跳脫不了太陽的形象，他以擬人化的方式創作出立體的太陽，需要較多的引導及鼓勵。創作過程中，他非常認真地嘗試在顏色及太陽的光線上做改變，其他的部份則較缺乏變通力。
				K生的作品充滿生動的童趣，他並且將每一個太陽都加以命名，例如武士太陽。創作時認真投入，並能主動找尋適合的媒材與用具，但技巧較為不足，作品的精緻度較差，無法把想像的造型完美地呈現。但相當配合老師的指導，且樂於發表與創作。

單元名稱	問題類型／內容	作品名稱	作品照片	作品說明／評述
形形色色——盧梭的森林	Type V：畫出不同造型樹木所組合而成的森林。	我想像中的森林		Y生擅於模仿及學習，作品中可以看到他運用老師所教的混色技巧畫出山跟樹幹不同深淺的陰影。他所想像的森林中有許多小動物；只可惜他所創作的樹木類別較為單調，缺乏獨創性。
				Z生的森林中，有許多不同造型的樹木，他混色的技巧較不成熟，不過他勇於嘗試，讓畫面的顏色相當飽和，遠方的山巒，他以不同的顏色及大小畫出了山的景深與立體感。
				D生森林中的樹木造型都像一根根的棒棒糖，他嘗試以多彩的顏色創造不同樣式的樹，並且運用小亮片裝飾他的作品；不過，創作歷程中，他有大半的時間都在黏貼亮片，讓作品有未完成的感覺。

單元名稱	問題類型／內容	作品名稱	作品照片	作品說明／評述
形形色色──餅乾國王	TypeⅤ：畫出一個用食物或動物等東西組成的人與他的故事。	實物人		A生的作品，她畫的是一位「動物人」──有獅子的頭、兔子和貓咪變成的肩膀，蛇是頭髮。他正要請朋友喝下午茶呢！
				B生的作品「水果人」，她有蘋果頭、葡萄眼睛、香蕉頭髮、紅蘿蔔鼻子，再用水滴當成嘴巴。旁邊有黑板、板擦……她正要上課呢！
				C生的作品「昆蟲人」，他的頭髮、鼻子、身體都是獨角仙和鍬形蟲變成的，瓢蟲是他的眼睛，橡樹的根是鬍子。

單元 名稱	問題類型 ／內容	作品 名稱	作品照片	作品說明／評述
形形色色──餅乾國王	Type Ⅴ： 畫出一個用食物或動物等東西組成的人與他的故事。	實物人		D生畫的也是「水果人」，櫻桃、蘋果變成眼睛和臉頰，用木頭當鼻子，嘴巴是「有毒的」藍色香蕉。
	Type Ⅳ： 用你的餅乾、糖果創造出一位「餅乾國王」。（或皇后、公主等）	餅乾國王		E生的「餅乾國王」用長條形的餅乾排成五邊形的臉與三角形的帽子，五官多用圓形餅乾組成，並且用洋芋片在臉頰做了兩個腮紅。在完成「餅乾國王」後，還用餅乾幫它加了兩隻手，並且說明：「他一手拿吃的，一手拿著書。」
				F生的「餅乾皇后」有張四邊形的臉和特別的網狀頭髮，波浪狀的洋芋片嘴巴正在微笑呢！

275

單元 名稱	問題類型 ／內容	作品 名稱	作品照片	作品說明／評述
形形色色──餅乾國王	TypeⅣ： 用你的餅乾、糖果創造出一位「餅乾國王」。 （或皇后、公主等）	餅乾國王		G生的「餅乾國王」有著滿嘴的鬍子，圓滾滾的眼睛與鼻子。他戴著三角餅乾做成的王冠，還配著一把寶劍呢！
				H生用圓形餅乾做成臉，用長條豆子做成身體和頭髮，她說這是一位「天使」。在創作過程，常分心偷吃麥芽糖，所以完成速度較慢。

單元名稱	問題類型／內容	作品名稱	作品照片	作品說明／評述
你我他──我和老師玩氣球	Type V：創作不同玩氣球的動作與遊戲。	我和老師玩氣球		Q生作品用色豐富，具想像力，但人物的動作造型較缺乏變化。能想像出畫面中不存在的物品，例如擺放氣球的架子以及用線條表示不同的樓層。學習態度認真，活潑、喜歡創作；能配合老師的引導進行學習。
				R生創作時需要較多的醞釀時間，喜歡自己一個人靜靜地創作，作品品質佳，但較少有創新的表現。能接受老師的引導進行創作，並保持學習的專注。

單元名稱	問題類型／內容	作品名稱	作品照片	作品說明／評述
成長——誰的房子最高？	Type Ⅴ：能運用多種不同之媒材進行建築物之立體造型創作。			T生的建築比較沉穩，她選了一個寬厚型的方形紙盒當房子，用色紙剪成一個活動式的門，繼續再往上加了一個較小的方形紙盒當二樓，然後T生在紙盒四周畫上花花草草和盆景當裝飾；接著T生又在主體的旁邊加上一個有圓形屋頂的車庫，建築物和車庫放在整張大畫紙的右上角。畫紙其他空白的部分，T生用彩色筆畫上游泳池、小橋、戶外圓桌、椅子、在吃東西的人、遮陽傘、花圃還有賣腳踏車和滑板車的店，連建築的環境都加以設計，所以整個作品很熱鬧。著色時會嘗試不同的方法，例如：在紙盒上塗色時，因為紙盒的材質無法用彩色筆上色，所以T生不斷尋找其他的著色材料，最後發現粉筆可以用來著色。 整個過程中，T生很認真地設計著自己的作品，使用的媒材很多，像是：保麗龍半球、色紙、彩色筆、貼紙等，發言也很踴躍，創作力豐富。

單元名稱	問題類型／內容	作品名稱	作品照片	作品說明／評述
成長──誰的房子最高？	Type V：能運用多種不同之媒材進行建築物之立體造型創作。	我是建築師		一開始 V 生先利用一個長型紙盒當作主體，並在紙盒的一面貼上貼紙，當成磁磚，後來加上一個門（用紙盒）之後，本來繼續向上黏一個扁型的長方形紙盒，再加一個門（用紙盒），但後來發現往上並不穩固，所以就把紙盒和門移到主體的旁邊，成為一個車庫。V生利用黏土和小短棍組成立體的柵欄，圍繞在主體建築前面，並在車庫前加上也由黏土跟短棍組成的攔車機器。整個作品非常立體，並運用了紙盒、貼紙、黏土、小木棍等媒材組合起來，是一個有創意的作品。在完成作品的過程中 V 生非常專注，並發揮創造力，完成一個很有立體感的建築物。
成長──我是大巨人	Type V：創作放大或縮小後的世界。	放大後的昆蟲世界		X生具獨創力，能主動跳脫影片內容與老師的示範，創作出昆蟲之外的造型（房子與圍牆），且創作巨型昆蟲時，能自行設計不同的造型，例如站在房子上面的獨角仙、以及兩隻對打的鍬形蟲。

柒　　　　音　樂

▶▶▶ 形形色色 ◀◀◀

課程目標

一、滿足幼兒歌唱慾望、增進身體上各部分器官之活力。

二、激發幼兒愛好音樂的興趣。

三、培養幼兒音樂的基本能力。

四、啓發幼兒對音樂的表現能力。

五、發展幼兒親愛、合作、快樂、活潑的精神。

六、透過演唱和欣賞兒歌、童謠，培養愛好音樂的態度。

七、透過人聲、身體樂器、節奏樂器及周遭環境的聲音來體驗多樣化的音色。

八、藉由語言、肢體動作、模仿音樂情境等方式，表現自己對樂曲的感受。

單元名稱	教學目標	教學內容設計	問題類型	多元智能教學方法	教學資源
音樂列車——認識形形色色的音樂新朋友	一、透過自我介紹，能準確念出說白節奏。 二、能準確歌唱「歡迎你」詞曲。	一、相見歡。 ㈠兩位老師以說白節奏自我介紹並歡迎學生：歡迎你到這裡來，何老師，歡迎你。歡迎你到這裡來，周老師，歡迎你。 ㈡老師輪流請一位學生起立，說出自己的名字，然後老師帶領其他學生唸說白節奏歡迎這位學生：歡迎你到這裡來，×××（學生的名字），歡迎你。 ㈢兩位老師演唱歡迎歌互相介紹，並輪流介紹每位學生。 1 1 1 3 5 3 1 歡迎你到這裡來， 2 2 2　　7 5 5 （人名）！歡迎你！ 1 1 1 3 5 3 1 歡迎你到這裡來， 2 2 5 5 1 ○ 我們歡迎你！ （歌詞中何老師換成周老師及學生的名字） ㈣老師隨意走到一位學生身旁，請學生說出自己的名字，然後老師與其他學生一起唱歡迎歌。	Type I Type III	人際 內省 語文 身體動覺 音樂	1.手鼓 2.手套偶 3.節奏樂器 4.木魚 5.響板 6.三角鐵 7.串鈴 8.沙鈴

單元名稱	教學目標	教學內容設計	問題類型	多元智能教學方法	教學資源
音樂列車──認識形形色色的音樂新朋友	三、會用自己的方式演奏節奏樂器。	二、認識新朋友。 ㈠老師發給每位學生（或學生自己選擇）與別人不同的樂器，練習用樂器演奏自己的名字。 ㈡重複一中㈠、㈣的活動，但被歡迎的學生需演奏自己的樂器配合大家唱歡迎歌。	 Type I		
	四、能準確說出樂器的名稱。	㈢輪流請一位學生演唱、演奏歡迎歌，老師介紹樂器的名稱。 ㈣老師指定一位學生演奏樂器，其他學生閉上眼睛，聽完後說出是誰演奏什麼樂器？	Type I Type I		
	五、能聽辨不同的節奏樂器。	三、講故事：石頭湯。 ㈠模仿老師拍唸說白節奏：水、石頭。 ㈡分辨說白節奏：水、石頭。	Type I		
	六、能運用肢體體會一拍和二拍的實質。	四、節奏教學。 ㈠揭示圖卡，跟老師拍唸說白節奏。 ㈡模仿創作說白節奏。	 Type I		
	七、會創作一拍和二拍實質的說白節奏。	五、認識ㄅㄛ。 ㈠引起動機：小豬吃飽了會做什麼？會發出什麼聲音？（模仿打鼾的聲音）	Type II		
	八、能獨自演唱ㄅㄛ的樂句。				

單元名稱	教學目標	教學內容設計	問題類型	多元智能教學方法	教學資源
音樂列車——認識形形色色的音樂新朋友	九、能和老師合作演唱問答句。	㈠引導學生演唱打鼾的聲音回答老師的問句。 老師唱： 1 1 1 3 5 5 5 小豬吃飽睡著啦！ 學生唱： 1 1 1 1 1 ＺＺＺＺＺ。 老師唱： 2 2 2 4 6 6 6 小豬吃飽睡著啦！ 學生唱： 1 1 1 1 1 ＺＺＺＺＺ。 老師唱： 5 5 5　5 5 5 睡著啦！睡著啦！ 學生唱： 1 1 1 1 1 ＺＺＺＺＺ。 六、引導學生以不同的姿態、表情演唱。	Type Ⅲ Type Ⅲ		

單元名稱	教學目標	教學內容設計	問題類型	多元智能教學方法	教學資源
台灣原住民感謝天地	一、能以身體樂器模仿森林與海的聲音。	＊自然環境音樂： 一、概述。 　很久很久以前，有一群人相信每年到了秋天，須跳一種神秘的舞，感謝天地賜予豐富的收成。	Type I		1.錄音機 2.森林、海邊的音樂或影片
		二、音樂欣賞。 　(一)在森林、海邊我們會聽到什麼聲音呢？ 　(二)播放森林、海邊的音樂或影片。	TypeIV	語文	3.原住民服裝 4.音樂影片 5.節奏圖卡 6.木杵 7.手鈴鐺 8.高音譜表 9.音符磁鐵 10.音磚或木琴
		(三)用身體樂器，模仿音樂或影片中的任何聲音，讓大家猜。	Type II	自然觀察身體動覺音樂	
		(四)分組呈現森林、海邊的聲音並錄音。	TypeIV		
	二、能安靜聆賞原住民音樂。	＊人文環境音樂： 一、音樂欣賞。 　(一)原住民音樂影片欣賞。 　(二)請問幼兒聽見什麼？看見什麼？	Type III		
		(三)請用現有材料製作簡易原住民服裝。		視覺空間	
		(四)請用身體樂器發出你聽見的聲音。	Type II		
	三、能準確唸出「豐收舞曲」說白節奏。	二、節奏教學。 　(一)說白節奏 　｜｜｜｜｜｜｜ 　音 那 呀 音 那 呀 音 嗨 　｜｜｜｜｜｜｜｜ 　央 齁 依 呀 齁 依 呀 齁 　｜｜ 　嗨 央	Type I		

單元名稱	教學目標	教學內容設計	問題類型	多元智能教學方法	教學資源
台灣原住民感謝天地	四、能歌唱並加入阿美族豐年祭舞蹈動作。	㈡阿美族民歌「豐收舞曲」說白節奏。 ㈢原住民舞蹈與「豐收舞曲」說白節奏。			
	五、能用木杵打節奏。	三、歌唱阿美族民歌「豐收舞曲」。 ㈠欣賞：阿美族民歌「豐收舞曲」。 ㈡唱並加入阿美族豐年祭舞蹈動作。 ㈢加入木杵打出∣∣∣之節奏。	Type Ⅲ	音樂 身體動覺	
	六、認識ㄉ乙、ㄙ乙在五線譜上及鍵盤上的位置。	四、認譜教學。 ㈠揭示ㄉ乙、ㄙ乙五線譜位置並用「高大宜手號」講解。 ㈡請幼兒排出「豐收舞曲」頑固低音的和聲。 ㈢在音磚或木琴上打出ㄉ乙、ㄙ乙頑固低音的和聲於第一、三拍上。	Type Ⅳ		
	七、能分組並同時呈現原住民各種不同的音樂及舞蹈。	五、單元呈現：分組並同時呈現。 ㈠自然環境錄音之背景音樂。 ㈡阿美族民歌「豐收舞曲」歌唱及舞蹈動作。 ㈢木杵節奏。 ㈣音磚或木琴ㄉ乙、ㄙ乙頑固低音的和聲構成原住民「用音樂感謝天地」的豐年祭典。		人際 身體動覺 音樂	

單元名稱	教學目標	教學內容設計	問題類型	多元智能教學方法	教學資源
石頭湯	一、能準確唸出說白節奏。 二、能依不同的圖片唸說白節奏。 三、能依規律拍輪流說白節奏。	一、創作說白節奏 ♫ ♩ 。 二、唸說白節奏。 ㈠老師邊演奏節奏樂器邊唸說白節奏歡迎每一位學生。 ♫ ♩ ♫ ♩ 歡迎你 ××× （學生姓名）。 ㈡學生模仿老師邊演奏節奏樂器邊唸說白節奏歡迎其他同學。 ㈢老師在黑板上展示三個字的蔬菜、水果圖片，然後邊演奏節奏樂器邊唸說白節奏： ♫ ♩ ♫ ♩ 一二三 高麗菜 ㈣引導學生依老師指示的圖卡（或自己想）唸說白節奏。 三、規律拍。 ㈠師生圍成圓圈，請學生先想好一個（或數個）蔬菜、水果的名稱，大家一起來演奏 ♫ ♩ 的節奏，輪流唸自己想好的說白節奏一二三×××（水果蔬菜名稱）。 ㈡學生熟練後可取消一二三，直接唸水果蔬菜名稱。	Type II Type III Type IV	人際 內省 音樂 語文	1.蔬菜圖片 2.水果圖片

單元名稱	教學目標	教學內容設計	問題類型	多元智能教學方法	教學資源
石頭湯	四、能邊唱ㄙㄛ邊比手號。 五、能接唱老師的樂句。	四、認譜ㄙㄛ。 ㈠放了水果和蔬菜以後，石頭湯煮好了，現在跟老師一起唱 556　556 石頭湯　石頭湯 5　　5　　5－ ㄙㄛ　ㄙㄛ　ㄙㄛ ㈡老師在黑板上畫 然後示範唱ㄙㄛㄙㄛㄙㄛ，並比手號。 ㈢老師即興演唱（或演奏）四拍樂句，請學生接唱ㄙㄛㄙㄛㄙㄛ並比手號。 例： 老師 53135313 學生 ㄙㄛㄙㄛㄙㄛ 老師 16461646 學生 ㄙㄛㄙㄛㄙㄛ 老師 53135313 學生 ㄙㄛㄙㄛㄙㄛ 老師 56565432 學生 ㄙㄛㄙㄛㄙㄛ 四、歌曲律動：合攏張開。 ㈠配合歌詞做動作。 ㈡老師示範動作，引導學生想新的動作。動作由小肢體到大肢體，最後以小指頭動作結束。	Type I Type IV Type IV	身體動覺 身體動覺	

單元名稱	教學目標	教學內容設計	問題類型	多元智能教學方法	教學資源
石頭湯	六、能聽辨琴音做高低的相對動作。	五、音感：聽辨ㄙㄛ和ㄉㄛ。 ㈠複習小豬吃飽睡著啦。 ㈡想像ㄙㄛ和ㄉㄛ的高低動作。 ㈢老師彈琴讓學生以動作表示聽到的是ㄙㄛ或ㄉㄛ。			
		六、自製樂器。 ㈠分發小鈴鐺和鬆緊帶。 ㈡示範做小串鈴。		視覺空間	3.小鈴鐺 4.鬆緊帶
	七、能手持不同的樂器與人合奏。	七、演奏。 ㈠學生分兩組，分別持木質樂器（木魚、響板等）和鐵質樂器（小串鈴、鈴鼓等）。 ㈡一組演奏 ⊓ ⎮⊓ ⎮，另一組演奏 ⊓⊓ ⊓⎮。		人際 音樂	5.節奏樂器： 木魚 響板 三角鐵 串鈴 沙鈴

單元名稱	教學目標	教學內容設計	問題類型	多元智能教學方法	教學資源
音符的家	一、能指譜唱ㄙㄛ。	一、認譜。 ㈠複習舊歌。 5 5 6　5 5 6 石頭湯　石頭湯 5　5 5 - ㄙㄛㄙㄛㄙㄛ ㈡ㄙㄛ在線上的位置。老師引導學生在一條線放上三個全音符，然後指線唱ㄙㄛㄙㄛㄙㄛㄙㄛ。接著將此條線放在五條線的任一條線上的位置，帶領學生聽琴唱出不同音高的ㄙㄛ。	Type II		1.五線譜白板 2.磁鐵
	二、能聽辨節奏，然後找出節奏卡。	二、節奏。 ㈠石頭湯的香味引來大野狼，小豬開門歡迎大野狼。（複習歡迎歌）然後加菜煮石頭湯請大野狼吃。猜猜看小豬放了什麼菜？ ㈡老師拍唸節奏名讓學生找節奏卡。 ㈢學生依節奏卡唸菜名。	Type V	語文	
	三、能創作說白節奏。	㈣將二種節奏組合唸出二種菜名。如： ♪♪♪♪♪ 高 麗 菜 番 茄 ㈤將兩種菜名改為句子。如：高 麗 菜 好 吃。 ㈥豬小弟吃得很飽。（複習小豬小豬吃飽了）			3.節奏卡

單元名稱	教學目標	教學內容設計	問題類型	多元智能教學方法	教學資源
音符的家	四、能聽唱「誰怕那隻大野狼」歌曲。 五、能邊演唱歌曲邊演奏樂器。	三、新歌聽唱。 　豬大哥發現大野狼想吃豬小弟，三隻小豬決定要搬家蓋新房子。 　5 3 1 5 4 3 2 　誰怕那隻大野狼 　4 3 2　3 2 1 　大野狼　大野狼 　5 3 1 5 4 3 2 　誰怕那隻大野狼 　4 3 2 5 1　0 　我們蓋房子 四、演奏。 ㈠誰怕那隻大野狼： 　向右走四步，老師依拍子敲音磚。 ㈡大野狼　大野狼： 　學生依歌詞敲串鈴。 ㈢誰怕那隻大野狼： 　向左走四步，老師依拍子敲音磚。 ㈣我們蓋房子：依歌詞敲串鈴。 ㈤學生熟練後，可讓學生敲音磚，串鈴部分加入木質樂器。 ㈥我們蓋房子的歌詞可依三隻小豬的不同更改歌詞： 　豬大哥：我蓋茅草屋。 　豬二哥：我蓋小木屋。 　豬小弟：我蓋紅磚屋。	 （對應㈥行） Type IV	 （對應㈥行） 語文	4.節奏樂器： 　木魚 　響板 　三角鐵 　串鈴 　沙鈴 5.音磚

▶▶▶ 你我他 ◀◀◀

單元名稱	教學目標	教學內容設計	問題類型	多元智能教學方法	教學資源
為中國的《西遊記》編曲	一、能安靜聆聽並正確唸誦說白節奏。 二、能安靜聆聽中國樂器介紹，並準確演奏。 三、能共創並歌唱《西遊記》第一、二段。	一、故事講述。 　簡述《西遊記》的故事（前半段）。 二、用短句說故事。 ㈠隨教師唸誦。 第一段： ｜｜｜｜｜｜｜　｜｜｜ ｜｜ ※花果 山 水濂 洞　有隻美猴王 ※入天 宮 來大鬧　實在很荒唐 ○如來 佛 拘禁他　五行山中央 第二段： ｜｜｜｜｜｜｜　｜｜｜ ｜｜ ○唐三 藏 到天竺　取經一肩扛 ※收悟 空 降八戒　伏悟淨為徒 ○※四人 行 心合一　齊把困難擋 □◎ 三、中國樂器介紹。 ㈠影片播放或講述： 　○木魚──唐三藏 　※堂鼓──孫悟空 　□京鈸──豬八戒 　◎鑼──沙悟淨 ㈡演奏。	Type Ⅱ Type Ⅰ	人際 內省 語文	1.手鼓 2.節奏圖卡 3.故事繪本 4.中國樂器： 　木魚 　堂鼓 　京鈸 　鑼 5.高音譜表 6.音符磁鐵 7.音磚或木琴

開發智能‧解決問題

單元名稱	教學目標	教學內容設計	問題類型	多元智能教學方法	教學資源
為中國的《西遊記》編曲		四、歌唱：自編歌曲《西遊記》第一、二段。如附譜歌唱第一、二段。	TypeIV		
	四、能認識ㄇㄨㄝ、ㄇㄧ、ㄉㄚ三音在五線譜上及鍵盤上的位置。	五、認譜。 ㈠認識ㄇㄨㄝ、ㄇㄧ、ㄉㄚ三音，複習ㄉㄛ、ㄙㄛ。 ㈡由幼兒排出《西遊記》的旋律。	Type II	身體動覺	
	五、能仔細聆聽故事，並利用樂器說故事。（聽到角色的名字即演奏該樂器）	六、故事講述。 ㈠講述《西遊記》的故事（後半段），利用樂器說故事。 ㈡幼兒配合故事情節，聽到角色的名字即演奏該樂器。	Type II Type III	視覺空間	
	六、能安靜聆聽並正確唸誦說白節奏三、四段。	七、說白節奏。 ㈠隨教師唸誦。 第三段： ｜｜｜｜｜｜｜｜ ｜｜｜	Type I		
	七、能準確演奏角色節奏。	○蜘蛛 精 金銀 角 想吃 唐三 藏 ※□◎火焰 山 熱無 比 計將 鐵扇 降 ○※□◎芭蕉 扇 救百 姓 四人 名聲 響 第四段： ｜｜｜｜｜｜｜｜ ｜｜｜			
	八、能以共創音樂歌唱《西遊記》第三、四段。	※筋斗 雲 金箍 棒 悟空 武藝強 ○※□◎掃妖 怪 除惡 魔 行十	Type III Type II		

單元名稱	教學目標	教學內容設計	問題類型	多元智能教學方法	教學資源
為中國的《西遊記》編曲	九、能快樂表演歌唱、演奏、戲劇與律動之結合呈現。	萬里 路 ○※□○見如 來 取經 藏 平安 回家 鄉 ㈡一組唸誦，一組演奏。 八、歌唱：自編歌曲《西遊記》。 ㈠複習歌曲：《西遊記》第一、二段。 ㈡歌唱《西遊記》第三、四段。 九、樂器演奏。 　一組歌唱《西遊記》，一組演奏。 十、戲劇與律動 十一、單元呈現	 Type Ⅲ Type Ⅳ Type Ⅴ	 身體動覺	

單元名稱	教學目標	教學內容設計	問題類型	多元智能教學方法	教學資源
日本音樂的力與美	一、能安靜聆聽故事並正確唸誦說白節奏。 二、能歌唱並自創《桃太郎》舞蹈動作。	一、故事講述。 ㈠講述日本《桃太郎》的故事。 二、節奏教學。 ㈠說白節奏： 狗：｜　｜　｜｜　｜ 　　Mo Mo ta lo Sang 　　｜　｜　｜｜　｜ 　　Mo Mo ta lo Sang 　　｜｜｜｜｜｜｜ 　　給我一個大飯糰 　　｜　｜｜｜　｜ 　　我就跟隨　你 　　｜｜｜｜｜｜｜｜ 　　一起去吧一起去吧 　　｜｜｜｜｜　｜ 　　無論去哪　裡 桃：｜　｜　｜｜　｜ 　　Mo Mo ta lo Sang 　　｜　｜　｜｜　｜ 　　Mo Mo ta lo Sang 　　｜｜｜｜｜｜｜ 　　我準備要去鬼島 　　｜｜｜｜｜　｜ 　　消滅害人　魔 　　｜｜｜｜｜｜｜｜ 　　大家勇敢打敗惡魔 　　｜｜｜｜｜　｜ 　　光榮回家　園 　　（狗、猴、雞出現） ㈡附點節奏教學。 三、歌曲教唱：日本童謠《桃太郎》。 ㈠歌唱並自創《桃太郎	Type I Type II Type III Type II	語文 人際 內省 身體動覺	1.手鼓 2.節奏圖卡 3.故事繪本 4.大圓球 5.木琴 6.狗、猴、雞手偶 7.節奏圖卡 8.扇子

單元名稱	教學目標	教學內容設計	問題類型	多元智能教學方法	教學資源
日本音樂的力與美	三、能快樂完成戲劇角色扮演活動。 四、能準確感受附點節奏。 五、能正確念誦《櫻花》說白節奏。	》舞蹈動作。 ㈡加入木琴打出ㄌㄛ、ㄙㄛ頑固低音伴奏。 ㈢角色扮演。 四、音樂欣賞：日本童謠《櫻花》。 ㈠說白節奏： | | |　| | | Sa ku ra　　Sa ku ra | | |　| | | 櫻花 開放 滿山 野 | | | |　| 來呀 來呀 賞花 去 | | | |　| 櫻花 開放 滿山 野 | | | |　| 來呀 來呀 賞花 去 | | |　　| | Sa ku ra　　Sa ku ra | | | | | | 櫻花 盛開 幾 朵 （聽聲音辨認幾朵）	Type Ⅰ TypeⅣ Type Ⅱ Type Ⅱ		
	六、能正確辨認節奏長度。 七、能隨音樂快樂舞蹈。 八、能說出二曲不同感受。 九、能聽辨大小三和絃。 十、快樂呈現。	㈡歌唱。 隨音樂做肢體舞蹈動作（扇舞）。 五、音樂的情緒變化。 ㈠問幼兒：兩首曲子有什麼不同感受？ ㈡聽辨大小三和絃並加入動作。 六、單元呈現。	TypeⅣ Type Ⅲ Type Ⅲ	身體動覺 語文 邏輯數學	

單元名稱	教學目標	教學內容設計	問題類型	多元智能教學方法	教學資源
我的感覺與情緒？原來，音樂精靈也有情緒啊！	一、使幼兒能分辨不同聲音的特質並訓練其記憶力。 二、認識節奏的符號。 三、打開幼兒的心門，使其能夠仔細觀察自己的感覺、辨識自己的情緒，且藉由大家的分享，共同討論出處理負面情緒的好方法。	一、暖身活動：聲音的探索。生活週遭的音樂，猜猜看？! 二、節奏的符號認識。 （ ♩ ♪♪ ） 方式：透過體驗、節奏圖卡，認識節奏符號。 ㈠蔬菜水果的說白節奏。（限定：二和三個字） ㈡經過節奏的體驗後（唱打），教師出示真正的符號樣式 ♩ Ta ♪♪ TiTi。 ㈢學生自製節奏圖卡。 ㈣延伸活動：帶入速度變化（快慢）的加強練習。（配合身體律動） 三、你的感覺？我的感覺？他的感覺？ ㈠請幼兒回想自己是否曾有難過的感覺，並回答教師所提問的問題。 ㈡我們聽聽看「錄音機幼兒」的想法。 ㈢教師與幼兒對談並分享。	Type I ：能說出聲音所代表的事物。 Type II ：能夠畫出節奏的符號。 Type II ：能打出快慢的節奏。 Type III ：能說出什麼事情會讓你很難過。 Type III ：能說出難過是一種怎麼樣的感覺。 Type IV ：能說出解決這種不舒服感覺的方法。	音樂 語文 自然觀察 音樂 音樂 語文 內省 語文	1.音響 2.筆記型電腦 3.節奏圖卡 4.紙、粉蠟筆 5.節奏樂器

單元名稱	教學目標	教學內容設計	問題類型	多元智能教學方法	教學資源
我的感覺與情緒？原來，音樂精靈也有情緒啊！	四、感受音樂中的情緒，體驗音樂的神奇變化（大調與小調）。	四、音樂精靈的情緒。 ㈠猜歌名並跟唱《小星星》。 ㈡音樂的樓梯：Do 至 Si 的簡單介紹並配合肢體。 ㈢發生什麼事了？音樂精靈也生病了嗎？（大調轉小調，仍請幼兒跟著唱看看） ㈣聽聽看，剛剛的音樂，你喜歡哪一種呢？你想到了什麼嗎？ ㈤增進幼兒欣賞、審美、分享及創作的能力。 五、聽音作畫。 ㈠引導階段。 先將音樂聽一次，教師以肢體展現其律動，之後即利用音樂特徵（音樂元素）來想像一下圖畫的線條。（教師可先示範，之後再在大海報輪流作畫） 例：音高變化（上下樓梯）：《動物狂歡節》之鋼琴家。 ㈡分享與欣賞彼此的創作。	Type II：聽到音樂時，能夠自動跟唱並說出曲子的歌名。 Type III：能夠發現曲子聽起來不一樣了。 Type V：能依據音樂之特徵畫出想像的線條。	內省 人際 音樂 身體動覺 音樂 視覺空間	6.音響 7.鋼琴 8.筆記型電腦 9.粉蠟筆 10.圖畫紙

參考資料▶
康娜莉雅·史見蔓（2005）：我的感覺系列。台北市：天下雜誌。

單元名稱	教學目標	教學內容設計	問題類型	多元智能教學方法	教學資源
我是小音符	一、能聽唱ㄉㄛ到ㄙㄛ的級進上、下行曲譜。	一、音感：ㄉㄛ到ㄙㄛ的級進上、下行。《我是小音符》： 1 2 3 4 5 － 我是小音符 1 2 3 4 5 我會上樓梯 4 4 3 － 2 2 1 － 下樓梯　真有趣 ㈠老師示範唱歌曲《我是小音符》，學生聽唱。 ㈡老師示範唱歌曲《我是小音符》的曲譜，學生聽唱。 ㈢老師即興演唱ㄉㄛ到ㄙㄛ的級進上、下行曲譜，學生聽唱。 ㈣老師引導學生即興演唱ㄉㄛ到ㄙㄛ的級進上、下行曲譜。	Type I		1.五線譜白板、磁鐵
	二、能聽唱歌曲《rain rain go away》。	二、認譜：認識ㄇㄧ。 ㈠複習ㄙㄛ的歌曲《石頭湯》： 5 5 6　5 5 6 石頭湯　石頭湯 5　5　5 ㄙㄛ　ㄙㄛ　ㄙㄛ ㈡聽唱新歌《rain rain go away》： 5　3　5　5 3 Rain　rain　go　away 5　5 3　3 5 5　3 come　again　another　day	Type I		2.節奏卡
	三、能聽辨兩首歌曲的共同	㈢引導學生比較一和二的歌曲，發現共同音			

單元名稱	教學目標	教學內容設計	問題類型	多元智能教學方法	教學資源
我是小音符	音ㄙㄛ。 四、能在五條線上指譜唱ㄙㄛ和ㄇ一。	ㄙㄛ。 ㈣在五條線上指譜唱ㄙㄛ。 ㈤引導學生發現《rain rain go away》的另一個音ㄇ一。 ㈥在五條線上指譜唱ㄙㄛ和ㄇ一。 ㈦聽唱《rain rain go away》的曲譜。 ㈧在五條線上不同的位置唱《rain rain go away》的曲譜。			
	五、能感覺二分音符的實質。	三、節奏：發現二分音符。 ㈠聽老師唸或拍各種由 ⊓ 和 ⌶ 組成的節奏。 ㈡拍唸《rain rain go away》的節奏。 ㈢排列出《rain rain go away》的節奏。 ㈣老師拍唸二拍的「水」引導學生發現二分音符。 ㈤老師拍唸石頭湯的節奏，讓學生排出節奏。	Type Ⅰ		3.節奏樂器 　木魚 　響板 　三角鐵 　串鈴 　沙鈴 4.音磚
	六、能演奏頑固低音。	四、演奏：《rain rain go away》。 ㈠音磚ㄙㄛ和ㄇ一演奏曲調，音磚ㄌㄛ和串鈴、木魚等依拍子演奏頑固低音。			
	七、能感受音樂的上、下行	五、肢體律動：感受音樂的上、下行和強、弱音。			

單元名稱	教學目標	教學內容設計	問題類型	多元智能教學方法	教學資源
我是小音符	和強、弱音。	(一)學生全身覆蓋大張報紙，蹲在地上，聽音樂做動作： 上行音：慢慢站起來。 下行音：慢慢蹲下去。 強音：雙手快速伸出。 弱音：雙手收起來。 (二)引導學生創造兩個一組的相對動作代表音的上、下行和強、弱音。 (三)將報紙揉成紙球，用彩色膠帶裝飾。 (四)老師講述兩隻老鼠和貓的故事，然後聽音樂《MARCH from THE COMEDIANS KABAL-EVSKY》猜貓出現的音樂。（強音） (五)配合音樂用紙球做律動。		身體動覺音樂 視覺空間 身體動覺	
	七、能依角色不同演唱歌曲。	六、演唱：《三隻小豬》。 (一)誰怕那隻大野狼。 (二)我們要去蓋房子。 　5 3 1 5 4 3 2 　我們要去蓋房子 　4 3 2　3 2 1 　蓋房子　蓋房子 　5 3 1 5 4 3 2 　我們要去蓋房子 　4 3 2 5 1　0 　啦啦啦啦啦　嘿 (三)我的心情真快活。 　5 3 1 1 1 6 5	Type V		

單元名稱	教學目標	教學內容設計	問題類型	多元智能教學方法	教學資源
我是小音符		我的心情真快活 5311165 我的心情真快活 511156165 我蓋了一棟茅草屋 3455521 我的心情真快活 ※歌詞變化： 豬大哥：茅草屋。 豬二哥：小木屋。 豬小弟：紅磚屋。			
聽一聽，動手排一排	一、認識二分音符的時值。 二、能排出包含 ∏、∣ 和二分音符的節奏。 三、能擺出ㄙㄛ、ㄉㄚ和ㄇㄧ在五條線上的位置。	一、音感和節奏： ∏、∣和二分音符的時值。 ㈠聽唱歌曲《熱饅頭》。 321-321- 熱饅頭 熱饅頭 11112222 3 一個一塊兩個兩塊熱 21- 饅頭 ㈡老師在黑板上排列四個紅心代表四拍，然後指著紅心唱熱饅頭，引導學生發現「頭」要唱二拍。 ㈢引導學生用節奏卡排出熱饅頭的節奏。 二、認譜：ㄙㄛ、ㄉㄚ和ㄇㄧ在五條線上的相關位置： ㈠老師即興演唱ㄙㄛ和ㄉㄚ的二音曲調讓學生在五條線上用磁鐵擺出相關位置。 ㈡老師即興演唱ㄙㄛ和	 Type V		1.CD、CD PLAYER 2.拍子（紅心）四張 （一張綠色代表強拍，其他紅色） 3.音磚 ㄇㄧ、ㄉㄚ

單元名稱	教學目標	教學內容設計	問題類型	多元智能教學方法	教學資源
聽一聽，動手排一排	四、能聽唱歌曲。	ㄇㄧ的二音曲調讓學生在五條線上用磁鐵擺出相關位置。 ㈢老師即興演唱ㄌㄚ和ㄇㄧ的二音曲調讓學生在五條線上用磁鐵擺出相關位置。 ㈣老師即興演唱ㄙㄛ、ㄌㄚ和ㄇㄧ的三音曲調讓學生在五條線上用磁鐵擺出相關位置。 三、演唱：聽唱歌曲《我們養的火雞不見了。》 1 1 1 2 3 1 2 7 1 我們養的火雞不見了 3 3 3 4 5 3 4 2 3 我們養的火雞不見了 5 5 5 5 5 6 5 4 5 4 3 再也聽不到咕咕滴咕咕答 5 5 5 5 5 6 5 4 5 4 3 再也聽不到咕咕滴咕咕答 1 1 1 1 1 1 1 1 5 5 5 1 咕咕咕咕咕咕咕咕滴咕咕答 1 1 1 1 1 1 1 1 5 5 5 1 咕咕咕咕咕咕咕咕滴咕咕答 四、肢體律動。 ㈠誰怕那隻大野狼。 ㈡我們要去蓋房子。 ㈢我的心情真快活。 五、製作杯子小丑。	 Type Ⅲ Type Ⅴ	 身體動覺 視覺空間	

▶▶▶ 成長 ◀◀◀

單元名稱	教學目標	教學內容設計	問題類型	多元智能教學方法	教學資源
打電報	一、提升口語表達能力。 二、練習從聽覺訊息中提取線索。 三、提供字詞仿寫機會。	一、節奏遊戲。 (一)教師展示圖卡一，指示幼兒依照符號表現聲音。如○是拍膝或唸「ㄅㄥˋ」、☆是拍手或唸「ㄎㆆ˙」、△是彈指或唸「ㄎㄧㄤ」。 (二)教師依照拍子有規律地指著格子，幼兒隨之發出正確的聲音。 (三)教師展示圖卡二，先由幼兒共同決定圖卡中的符號˙、︵、▌所代表的聲音後，再循圖卡一的方式表現。 (四)視幼兒的表現狀況，也可以節奏來取代符號所代表的單一聲音。 (五)也可用圖卡中的符號做大小區別，來指導幼兒有強弱的表現。 二、音樂與圖形的遊戲。 (一)隨著教師的指示演奏。待幼兒熟練後，再配合音樂（舒伯特軍隊進行曲）合奏。 (二)教師發下樂器，˙時敲鈴鼓、▌是響板、︵是三角鐵，配合音樂再演奏一次。	身體動覺 視覺空間	圖卡一 （符號格子圖） 圖卡二 （符號格子圖） CD Player 舒伯特軍隊進行曲的 CD 鈴鼓 三角鐵 響板

單元名稱	教學目標	教學內容設計	問題類型	多元智能教學方法	教學資源
冬瓜冬瓜	一、能記憶樂曲中特殊的聲音。	一、音感：記憶樂曲中特殊的聲音。 ㈠老師播放歌曲《CAMPTOWN RACES》引導學生聽重複出現的「do da」聲。 ㈡讓學生再聽一次音樂，每逢「do da」時舉手或站起來。也可自創動作。	Type V	身體動覺 音樂	1.白板、磁鐵 2.CD 3.CD PLAYER 4.節奏卡
		二、節奏。 ㈠老師以規律拍示範唸《冬瓜冬瓜》（孫德珍曲）：冬瓜冬瓜，兩邊開花，開花結子，結子開花，一顆冬瓜，兩顆冬瓜，三顆冬瓜，好多冬瓜。 ㈡學生熟唸後，老師改變節奏讓學生模仿。 ㈢與學生討論改變節奏的唸謠有什麼不一樣的感覺。		語文	
	二、能改變節奏唸相同的唸謠《冬瓜冬瓜》。	㈣讓學生自創節奏再唸一遍。	Type V		
		三、演唱。 ㈠老師示範唱《冬瓜冬瓜》，學生聽唱。	Type IV		
	三、能改變節奏演唱歌曲。	㈡改變節奏，演唱《冬瓜冬瓜》。			
	四、能用音磚ㄇㄧ、ㄉㄚ演奏頑固伴奏。	四、演奏：ㄇㄧ、ㄉㄚ。 ㈠老師逐句唱《冬瓜冬瓜》的歌詞讓學生敲音磚，聽辨ㄇㄧ或ㄉㄚ。	Type II		

單元名稱	教學目標	教學內容設計	問題類型	多元智能教學方法	教學資源
冬瓜冬瓜	五、能在五線上記錄自己創作的頑固伴奏譜。 六、能運用想像力，將聽到的聲音組織成一個故事。	㈠讓學生嘗試用音磚ㄇ一、ㄉㄚ創作頑固伴奏，為《冬瓜冬瓜》伴奏。 五、認譜：請學生將自己創作的頑固伴奏用小磁鐵在五線上排出來。 六、聽聲音說故事：發生了什麼事？老師播放 CD，引導學生聽有些什麼聲音，猜一猜、想一想在什麼地方？發生了什麼事？把他組織成一個故事。	TypeⅣ TypeⅤ		

單元名稱	教學目標	教學內容設計	問題類型	多元智能教學方法	教學資源
孤挺花	一、能記憶樂曲中特殊的聲音。 二、能聽辨音的高低（ㄇㄧ或ㄉㄚ）。 三、能看譜唱歌。	一、音感：記憶樂曲中特殊的聲音。 ㈠老師播放歌曲《CAT WALTZ》引導學生聽重複出現的「MIOU」聲。 ㈡讓學生再聽一次音樂，每逢「MIOU」時舉手或站起來。也可自創動作。 ㈢讓學生先想好各種不同的情緒，以「MIOU」聲表達。 ㈣讓學生聽錄製好的各種「MIOU」聲，猜測是什麼情緒。 二、音感與認譜。 ㈠複習《冬瓜冬瓜》唸謠。 ㈡老師將唸謠以兩個字為一個單位逐一唸出，讓學生聽辨音的高低（ㄇㄧ或ㄉㄚ）。 ㈢協助學生將音的高低排在五線上，形成《冬瓜冬瓜》唸謠的樂譜。 ㈣引導學生唱歌譜。	Type V	語文	1.音磚 2.CD 3.CD PLAYER 4.三角鐵 高低木魚 響板 串鈴
	四、能聽辨節奏並排出節奏型。	三、節奏。 ㈠老師唸出各種節奏型，讓學生排出節奏。 ㈡引導學生依節奏型唸《冬瓜冬瓜》唸謠。 ㈢讓學生嘗試排節奏型	Type III		

單元名稱	教學目標	教學內容設計	問題類型	多元智能教學方法	教學資源
孤挺花	五、能聽唱歌曲。 六、能為歌曲奏頑固伴奏。	，然後依節奏型唸唸謠。 四、演唱。 ㈠老師示範唱《孤挺花》 ５６５１５６５－６ ６５６５４３２３ 山坡上有一朵花，長得好像小喇叭 ５６５１５６５－６ ６５６５４３２１ 名字叫做孤挺花，對著太陽滴滴答 五、演奏。 ㈠老師示範奏頑固伴奏５６５－為學生唱《孤挺花》伴奏。 ㈡讓學生嘗試演奏音磚５６５－為《孤挺花》伴奏。			

單元名稱	教學目標	教學內容設計	問題類型	多元智能教學方法	教學資源
遞郵馬車	一、能跟著音樂的進行準確地表現樂曲中特殊的聲音。 二、能聽辨語詞的高低音並在音磚上敲出來。	一、音感：記憶樂曲中特殊的聲音。 ㈠老師播放歌曲《遞郵馬車》引導學生聽重複出現的「揮鞭」聲。 ㈡讓學生再聽一次音樂，每逢「揮鞭」時以自創動作表現。 ㈢老師拉緊橡皮筋讓學生彈，聽聽看是什麼聲音，再將橡皮筋繃在各種不同的容器上，讓學生玩彈橡皮筋的聲音。 ㈣讓學生用橡皮筋彈射到各種不同材質的物體上，並模仿其發出的聲音。 二、音感與認譜。 ㈠複習《冬瓜冬瓜》唸謠的音高。（ㄇㄧ、ㄉㄚ） ㈡老師唸出語詞讓學生先用（ㄇㄧ、ㄉㄚ）手號表示，然後在音磚上敲出來。例：青蛙、小雞、母雞、公雞、柳丁香、小英吃柳丁、媽媽喝開水、吃雞腿、香蕉好吃……。 ㈢協助學生將音的高低排在五線上，然後唱出來。	Type II Type V Type V	音樂 身體動覺音樂	1.節奏卡

單元名稱	教學目標	教學內容設計	問題類型	多元智能教學方法	教學資源
遞郵馬車	三、能聽聲音排出節奏型，也能試打節奏型。	三、節奏。 ㈠老師示範唸唸謠。 　三角鐵的聲音 　ㄎㄧㄤ　　ㄎㄧㄤ 　（二分音符）（二分音符） 　木魚的聲音 　ㄎㄧ ㄎㄛ ㄎㄧ ㄎㄛ 　（♩ ♩ ♩ ♩） 　響板的聲音 　ㄎㄧㄚ ㄎㄧㄚ ㄎㄧㄚ 　ㄎㄧㄚ ㄎㄧㄚ ㄎㄧㄚ 　♫♫♪ ♫♫♪ 　串鈴的聲音 　叮噹 叮噹　叮噹 叮噹 　♪♪♪♪♪♪♪♪ ㈡老師隨機發出各種樂器聲音，讓學生排出節奏型然後演奏。 ㈢師生討論：可以用哪些節奏型為唱過的歌曲伴奏。			2.音磚 3.節奏卡 4.音磚
	四、能聽唱歌曲。	四、演唱。 ㈠複習《孤挺花》。 ㈡增加中段歌詞為「叮叮叮」。 ㈢跟著 CD 唱整首《孤挺花》歌曲。			
	五、能運用各種樂器及節奏型為歌曲伴奏。	五、演奏。 師生討論：可以用哪些樂器和節奏型為《孤挺花》伴奏。		語文	5.各式樂器

開發智能・解決問題

單元名稱	教學目標	教學內容設計	問題類型	多元智能教學方法	教學資源
選女婿	一、能依所扮演的角色演唱歌曲。	一、引起動機。 　婦人有七個女兒長得聰明美麗又活潑，她希望未來的女婿是健康、勇敢、負責任的人。 二、演唱：《選女婿》。 　二二拍，後起拍（美的分享・孫德珍） 　3 1 3 5 4 3 2 2 2 　2 3 1 （婦人）我女兒多馬它里雷里雷里雷 （女婿）我娶（人名）馬它里雷里雷里雷 　3 1 3 5 4 3 2 2 5 　5 1 　誰要娶她馬它里雷里雷隆 　我是（職業）馬它里雷里雷隆			
	二、能參與討論，會出題也會答題。	三、綜合訓練。 　師生討論如何幫女兒出題目選女婿。 ㊀聽音：敲音磚ㄉㄛ到ㄒㄧ任何一個音能猜對者。 ㊁節奏：能拍打所排出的節奏、或排出所聽到的節奏。 ㊂演奏：能聽唱《冬瓜冬瓜》唸謠的一句歌詞然後敲出音高。 ㊃認譜：能聽唱ㄇㄧ、			1.白板

單元名稱	教學目標	教學內容設計	問題類型	多元智能教學方法	教學資源
選女婿		ㄙㄛ、ㄌㄚ的三音樂句，然後以磁鐵排在五線白板上。 四、演奏：《孤挺花》。 　A：歌聲+木質樂器+ 　　頑固伴奏 　B：鋼琴+鐵質樂器 　A：歌聲+木質樂器+ 　　頑固伴奏 　B：鋼琴+鐵質樂器 　A：歌聲+木質樂器+ 　　頑固伴奏			2.磁鐵 3.各式樂器

▶▶▶ 四季 ◀◀◀

單元名稱	教學目標	教學內容設計	問題類型	多元智能教學方法	教學資源
歡迎春天來報到	一、認識五線譜。	一、複習五線譜五線四間的關係與ㄙㄛ、ㄇ一、ㄉㄚ三音在五線譜上的位置。			1.節奏樂器 2.譜表 3.節奏卡 4.音符卡 5.圖片
		㈠利用圖片或書籍引導學生了解四季的運行。	Type II	自然觀察	
		㈡老師唱兒歌讓學生發現歌曲描述的季節。			
		㈢學生發表個人意見。（歌曲、詩詞、圖畫）	Type III	視覺空間	
		㈣討論春季的特色及春季常見的花草昆蟲。	Type IV	語文 人際	
		㈤將春天開的花或昆蟲隨意放在五線譜的五線四間裡。			
		㈥複習ㄙㄛ、ㄇ一、ㄉㄚ三音在五線譜上的位置。			
		二、複習已經學過的音符，並拍打組合節奏。	Type II		
		㈠複習唸謠。			
		㈡拍出唸謠的節奏。			
		㈢用節奏卡排出唸謠的節奏。			
	二、能觀察及描述春天常見之花草、昆蟲的特徵與外型。	三、節奏創作。			
		㈠用節奏表達花草、昆蟲的名稱。	Type I		
		㈡以花草、昆蟲的名稱來表現組合節奏。	Type II		

單元名稱	教學目標	教學內容設計	問題類型	多元智能教學方法	教學資源
歡迎春天來來報到	三、體會笛聲的樂趣。 四、哼唱《春神來了》、《小蜜蜂》。	㈢以樂器敲打上述節奏型態。 ㈣簡易的節奏合奏。 四、直笛吹奏練習。 ㈠腹式呼吸練習。 ㈡笛頭的遊戲。 五、能哼唱《春神來了》、《小蜜蜂》，並以肢體動作表現樂句。 ㈠熟唱歌曲。 ㈡歌曲接唱。 ㈢默唱練習。 ㈣以肢體動作表現樂句。	Type Ⅲ Type Ⅲ Type Ⅳ Type Ⅲ Type Ⅳ	身體動覺	

單元名稱	教學目標	教學內容設計	問題類型	多元智能教學方法	教學資源
熱力四射的夏天	一、能聽辨聲音。	一、唱歌曲——《小蜜蜂》。 ㈠歌曲接唱。 ㈡默唱練習。	Type II		1.節奏樂器 2.譜表 3.節奏卡 4.音符卡 5.直笛
		二、聽辨樂器音色。 ㈠人聲——不同人的聲音。 ㈡走路聲——不同人走路的聲音。 ㈢樂器聲——鈴鼓、響板、三角鐵、鐵琴、鋼琴、笛頭。	Type II	自然觀察	
	二、分享陽光下活動的經驗。 三、節奏練習。	三、複習音符、休止符。 ㈠討論夏天各種特色與活動。 ㈡搭配夏天的水果、氣候與活動名稱來拍唸節奏。 ㈢唸謠——金銀花。 　1.習唸唸謠。 　2.拍出唸謠的節奏。 　3.用節奏卡排出唸謠的節奏。	Type III Type II Type III Type IV	視覺空間 語文 人際	
	四、哼唱歌曲——《夏天裡哪個最快樂》。（兩拍子）	四、學唱兩拍子歌曲：《夏天裡哪個最快樂》。 五、運舌練習。 ㈠唸語詞——塗鴉、兔子、凸出、禿頭、圖畫、肚子。 ㈡用笛頭吹出有「ㄊㄨ」或「ㄉㄨ」的字或語詞。 　1.我喜歡畫圖，這邊	Type III Type III		

單元名稱	教學目標	教學內容設計	問題類型	多元智能教學方法	教學資源
熱力四射的夏天		塗塗，那邊塗塗。 2.兔子的肚子凸凸凸，凸出來的肚子光禿禿。 3.火車火車嘟嘟嘟，上山嘟嘟，下山嘟嘟，見人就嘟，遇車也嘟，走進山洞嘟嘟嘟。			

單元名稱	教學目標	教學內容設計	問題類型	多元智能教學方法	教學資源
秋天的消息	一、表現自己對自然變化的體驗與感覺。	一、透過肢體動作、聲音來展現花草、樹葉在強風或微風中擺動的樣子。	Type II		1.節奏樂器 2.譜表 3.節奏卡 4.CD 5.手提音響
	二、認識速度快慢之變化。	(一)討論秋天的自然景象。（如：葉子變色、起風、天氣轉涼）	Type III	自然觀察	
	三、以身體動作表現不同的速度。	(二)我是一片葉子：幼兒想像自己是葉子，隨著播放的歌曲節奏，模擬葉子被風吹的狀態。（以快慢速度等不同的聲音模擬狂風與微風）	Type IV	身體動覺	
	四、節奏訓練。	二、能拍出唸謠的節奏並用節奏卡排出來。 (一)拍出唸謠《金銀花》的節奏。 (二)用節奏卡排出節奏。	Type III	語文 人際 內省	
	五、歌曲習唱。	三、學唱兩拍子歌曲：《夏天（秋天）裡哪個最快樂》。	Type IV		
		四、運舌練習。 (一)唸語詞——塗鴉、兔子、凸出、禿頭、圖畫、肚子……。 (二)用笛頭吹出有「ㄊㄨ」或「ㄉㄨ」的字或語詞。 1.我喜歡畫圖，這邊塗塗，那邊塗塗。 2.兔子的肚子凸凸凸，凸出來的肚子光	Type II	音樂	

單元名稱	教學目標	教學內容設計	問題類型	多元智能教學方法	教學資源
秋天的消息	六、直笛練習。	禿禿。 3.火車火車嘟嘟嘟，上山嘟嘟，下山嘟嘟，見人就嘟，遇車也嘟，走進山洞嘟——嘟嘟。 ㈢「T一」音的指法練習與吹奏。			

單元名稱	教學目標	教學內容設計	問題類型	多元智能教學方法	教學資源
寒冷的冬天	一、音樂欣賞：杜鵑圓舞曲。	繪本閱讀《愛唱歌的小鳥》 一、體認三拍子。		音樂 身體動覺	1.敲擊樂器 2.譜表 3.節奏卡 4.音符卡 5.直笛 6.CD 7.手提音響
		㈠能認識及體會三拍子的韻律感：《杜鵑圓舞曲》。	Type III		
	二、認識及體會三拍子的韻律感。	㈡節奏練習：打出三拍子的強弱。	Type I		
		㈢用肢體表現三拍子的律動。	Type IV		
	三、視譜。	二、認識「ㄉㄚ」、「ㄇㄧ」兩音在五線譜上的位置。		語文 人際 內省	
		㈠分辨音高的不同。	Type II		
		㈡唱出正確的音準。	Type I		
		㈢指出兩音在樂譜上的位置。			
	四、緊張和放鬆。	三、體驗緊張和放鬆。		語文	
		㈠討論冬天的氣溫以及身體的感覺。	Type III		
		㈡用身體感受緊張和放鬆的感覺。	Type III	身體動覺	
		四、呼吸練習。			
		五、運舌練習。			
		㈠火車火車嘟嘟嘟，上山嘟嘟，下山嘟嘟，見人就嘟，遇車也嘟，走進山洞嘟──嘟嘟。	Type IV		
		㈡用「ㄊㄨ」吹紙片。			
	五、樂器吹奏。	六、「ㄒㄧ」音的指法練習與吹奏。	Type III		

▶▶▶ 節慶 ◀◀◀

單元名稱	教學目標	教學內容設計	問題類型	多元智能教學方法	教學資源
春節	一、能說出春節的各種活動方式。	一、討論「年」。 ㈠聽音樂想年節的氣氛，並討論春節的各項活動。 ㈡講述「年」的故事。 ㈢引導學生了解春節的由來以及過年的經驗與印象深刻的事情。	Type III Type I	自然觀察 語文 音樂	1.敲擊樂器 2.譜表 3.節奏卡 4.直笛 5.口風琴 6.CD 放音機 7.中國鼓、鑼
	二、能背誦「新年到」唸謠，並敲打中國鼓、鑼。	二、節奏與唸謠。 ㈠新年到、新年到。穿新衣、戴新帽，家家戶戶放鞭炮。 你吃果、我吃糕，還領一個大紅包。 ㈡中國鼓 ∏　∏　∏丨。 ㈢鑼：敲第四拍。	Type I	語文 人際 內省	
	三、對於各種不同的拍子能正確反應。	三、節拍遊戲。 ㈠聽辨不同的拍子。 ㈡拍子的遞減。（八拍到一拍的遞減）			
	四、試打節奏。	四、節奏練習。 ㈠能排出聽到的節奏型。 ㈡能試打節奏。	Type IV	身體動覺	
	五、「ㄉㄚ」、「ㄇㄧ」、「ㄙㄛ」三音	五、聽唱練習。 ㈠複習「ㄉㄚ」、「ㄇㄧ」二音的音高與視譜。			

單元名稱	教學目標	教學內容設計	問題類型	多元智能教學方法	教學資源
春節	音的聽辨與視譜。 六、樂器演奏。	(五)聽唱《豆花車倒擔》歌曲。 (六)複習「ㄙㄛ」音的音高與視譜。 六、直笛吹奏。 (一)「ㄒㄧ」、「ㄉㄚ」音的指法練習與吹奏。 (二)「ㄒㄧ」、「ㄉㄚ」音的曲調。（配伴奏） 七、認識口風琴。 (一)結構與拿法。 (二)鍵盤。 (三)在琴鍵上彈「ㄒㄧ」、「ㄉㄚ」兩個音。	Type IV Type II Type III Type II Type II	音樂	

單元名稱	教學目標	教學內容設計	問題類型	多元智能教學方法	教學資源
五月五過端午	一、認識端午節的由來與習俗。	一、端午節的由來。 ㈠講述屈原的故事。 ㈡師生共同討論端午節的各項習俗與活動。	Type I Type III	語文	1.敲擊樂器 2.譜表 3.節奏卡 4.直笛 5.口風琴 6.CD PLAYER 7.中國鼓、鑼
	二、能感受聲音強弱的變化，表現歡樂的節慶氣氛。	二、音樂的感受。 ㈠聽音樂感受強拍的感覺。 ㈡隨著音樂拍打強拍。 ㈢聽出樂曲的拍子。 ㈣隨著鼓聲作出划龍舟的動作。	Type II	自然觀察 身體動覺	
	三、習唱端午節的兒歌。	三、唸謠。 ㈠歌詞： 　一二三四五月五 　來划龍舟敲鑼鼓 　媽媽忙著包粽子 　家家戶戶過端午 ㈡口唸歌詞，手打拍子。 ㈢聽唱歌曲。 ㈣自創節奏為歌曲伴奏。	Type I	語文 人際 內省	
	四、視譜。	四、五線譜位置。 ㈠複習「ㄉㄚ」、「ㄇㄧ」、「ㄙㄛ」三音的聽辨與視譜。 ㈡唱兒歌「太陽」的曲譜引導學生發現新的音。 ㈢認識「ㄖㄨㄝ」、「ㄉㄛ」音在五線譜上的位置。	Type II Type IV Type I	音樂	

單元名稱	教學目標	教學內容設計	問題類型	多元智能教學方法	教學資源
五月五過端午	五、樂器演奏。	五、直笛。 　「ㄒㄧ」、「ㄌㄚ」 　音的曲調。（配伴奏） 六、口風琴。 　㈠手指運動──熟悉五 　　指指法和指號。 　㈡認識鍵盤──在鍵盤 　　上彈奏簡易的曲調。	Type II Type II	身體動覺	

單元名稱	教學目標	教學內容設計	問題類型	多元智能教學方法	教學資源
清明節	一、能說出清明節的各種活動方式。 二、詩歌吟唱。	一、清明節來源。 (一)討論清明節的各項祭祀活動。 (二)說「介之推」的故事。 (三)引導學生了解清明節的名稱由來以及祭祀的活動具有緬懷先祖、飲水思源的意義。	Type III Type I	語文 人際 內省 自然觀察	1.敲擊樂器 2.譜表 3.節奏卡 4.直笛 5.口風琴
	三、對於各種不同節拍能正確反應。	二、節奏練習。 (一)能排出各種不同語詞的節奏。 (二)用「慶」、「洞」、「嗆」唱節奏。 (三)能分辨二拍子、三拍子、四拍子的不同節奏感。	Type III Type II		
	四、節奏創作與演奏。	三、節奏樂器的練習。 (一)能自行排出不同拍子的節奏型態。 (二)能用節奏樂器演奏自唱的節奏。	Type IV Type II		
	五、「ㄉㄚ」、「ㄇㄧ」、「ㄙㄛ」三音的聽辨與視譜。	四、複習音高與視譜。 (一)複習「ㄉㄚ」、「ㄇㄧ」二音的音高與視譜。 (二)認識「ㄙㄛ」音的音高與視譜。 (三)在琴鍵上彈「ㄉㄚ」、「ㄇㄧ」、「ㄙㄛ」三個音。	Type III Type I Type II		
	六、樂器演奏。	五、直笛吹奏。 (一)運舌練習──用「ㄊㄨ」吹紙片。		身體動覺	

開發智能‧解決問題

單元名稱	教學目標	教學內容設計	問題類型	多元智能教學方法	教學資源
清明節		㈢「ㄒ一」音的指法練習與吹奏。 六、認識口風琴。 　　結構二鍵盤。	Type II		

單元名稱	教學目標	教學內容設計	問題類型	多元智能教學方法	教學資源
動物大遊行	一、節奏練習。 二、能辨識樂器的種類。 三、能辨識樂器的音色。	一、節奏練習。 ㈠歌詞： 一二三四五月五 來划龍舟敲鑼鼓 媽媽忙著包粽子 家家戶戶過端午 ㈡頑固節奏。	Type II		1.敲擊樂器 2.譜表 3.節奏卡 4.直笛 5.口風琴 6.CD 放音機
		二、獅王進行曲。 ㈠認識進行曲。 ㈡獅子威武行進。 ㈢低音部：獅子吼。	Type III	自然觀察	
		三、公雞與母雞。 ㈠先聽、再提示。 ㈡啄食情景。 ㈢樂器。	Type III	視覺空間	
		四、大象。	Type III		
		五、袋鼠。 想像跳躍。	Type III		
	四、樂曲風格的感受。	六、討論個人對不同樂曲的感受。	Type IV	語文 人際 內省 身體動覺	
	五、自由表演。	七、各自表演一種動物。（聲音或肢體）	Type V		
	六、視譜。	八、複習「ㄉㄚ」、「ㄇㄧ」、「ㄙㄛ」、「ㄖㄨㄝ」、「ㄌㄛ」五音的聽辨與視譜。	Type III		
	七、樂器演奏。	九、直笛 「ㄒㄧ」、「ㄉㄚ」、	Type III		

單元名稱	教學目標	教學內容設計	問題類型	多元智能教學方法	教學資源
動物大遊行		「ㄙㄛ」三音的曲調。（配伴奏） 十、口風琴。 ㈠手指運動──熟悉五指指法和指號。 ㈡認識鍵盤──在鍵盤上彈奏簡易的曲調。			

▶▶▶ 家庭 ◀◀◀

單元名稱	教學目標	教學內容設計	問題類型	多元智能教學方法	教學資源
我的家	一、節奏練習。	一、節奏練習。 ㈠唸頑固節奏：踏ㄇ踏ㄇ踢踢踢踢踏ㄇ。 ㈡用手或樂器拍出節奏。 ㈢歌詞： 一二三四五月五 來划龍舟敲鑼鼓 媽媽忙著包粽子 家家戶戶過端午 ㈣頑固節奏配歌詞。	Type I Type III	自然觀察 視覺空間	1.敲擊樂器 2.譜表 3.節奏卡 4.直笛 5.口風琴 6.CD 放音機
	二、歌曲習唱。	二、歌曲練唱。 ㈠歌曲：《我的家》。 看那邊綠水清山，風景真如畫，一彎流水幾枝野花，圍著竹籬笆，籬笆裡，矮茅屋，就是我的家。 ㈡歌曲：《王老先生有塊地》。 ㈢引導幼兒發表自己家的環境，與歌曲中的家有何不同。	Type III Type IV	 語文 人際 內省	
		三、音樂元素。 ㈠共同討論已經認識樂譜家族中的哪些音樂元素。 ㈡複習「ㄉㄚ」、「ㄙㄛ」、「ㄇㄧ」、「ㄖㄨㄝ」、「ㄉㄛ」等音的聽	Type II	語文	

單元名稱	教學目標	教學內容設計	問題類型	多元智能教學方法	教學資源
我的家	三、節奏創作。 四、樂器演奏。	辨與在五線譜上的位置。 ㈡複習所學過的各種音符。 四、節奏練習 ㈠自行排出喜歡的四拍子節奏。 ㈡用樂器或手拍出。 五、直笛。 「ㄒㄧ」、「ㄉㄚ」、「ㄙㄛ」音的曲調（配伴奏）。 六、口風琴。 ㈠手指運動——練習指法一、二、三指。 ㈡彈奏「ㄒㄧ」、「ㄉㄚ」「ㄙㄛ」三音的曲調。 ㈢參考曲調：《瑪莉的小羊》。	Type Ⅴ Type Ⅲ		

單元名稱	教學目標	教學內容設計	問題類型	多元智能教學方法	教學資源
社區的動植物	一、能注意植物生長環境。 二、會唱和表演有關「花／草」的歌曲。 三、會唱和表演有關「動物」的歌曲。 四、曲調創作。 五、樂器敲奏。	一、歌曲《牽牛花》：邊唱邊走規律拍，並在強拍處拍手。 二、歌曲節奏練習： ㈠｜ ― ｜｜ ㈡｜ ｜ ｜ ｜ ― ㈢｜ ｜ ｜ ｜ ｜ ｜ ｜ ㈣｜ ― ― ― 三、歌曲《米飛兔》：邊唱邊模仿米飛兔的動作，表現四拍子的律動。 四、選擇喜愛的節奏樂器，敲奏自己創作的新節奏，為米飛兔作頑固伴奏。 五、能寫出幾首自己的創作曲（以ㄉㄛ～ㄒ一為素材），並在鐵琴上敲出。 六、樂曲敲奏：聖誕鈴聲。	Type III Type III Type III Type IV Type V Type III	自然觀察 視覺空間 人際 內省 身體動覺	1.節奏樂器 2.節奏卡 3.音符卡 4.鐵琴 5.色筆 6.CD 7.手提音響 8.學習單

單元名稱	教學目標	教學內容設計	問題類型	多元智能教學方法	教學資源
生活週遭的聲音	一、知道家中各種聲音所代表的意義。 二、知道噪音污染對生活環境的影響。	一、聲音的聽辨。 ㈠幼兒閉目靜坐，聽聽週遭聲音。 ㈡家裡經常聽到哪些聲音？在什麼時候可以聽到這些聲音。 ㈢模仿家人說話的音調與動作。 二、聲音的討論。 ㈠分享及討論我們生活的環境裡，常聽到哪些人造或自然的聲音？ ㈡播放音樂CD，體會生活中各種聲音給人的感受有何差異。 ㈢你喜歡生活中哪些聲音？你討厭哪些聲音？為什麼？ ㈣討論並引導學生尊重別人對聲音的不同感受。	Type II Type III Type IV	自然觀察 語文 身體動覺 語文 人際 內省 音樂	1.敲擊樂器 2.譜表 3.節奏卡 4.直笛 5.口風琴 6.鐵琴 7.CD放音機
	三、視譜。	三、視譜。 ㈠複習「ㄅㄚ」、「ㄙㄛ」、「ㄇㄧ」、「ㄖㄨㄝ」、「ㄅㄛ」等音的聽辨與在五線譜上的位置。 ㈡習唱由「ㄅㄚ」、「ㄙㄛ」、「ㄇㄧ」、「ㄖㄨㄝ」、「ㄅㄛ」等音組成的曲調。			
	四、節奏練習與樂器演奏。	四、節奏練習。 ㈠新年到、新年到。穿新衣、戴新帽，家家	Type III		

單元名稱	教學目標	教學內容設計	問題類型	多元智能教學方法	教學資源
生活週遭的聲音		戶戶放鞭炮。你吃果、我吃糕，還領一個大紅包。 1.中國鼓：⊓ ⊓ ⊓ ∣ 2.鑼：敲第四拍。 3.竹板：打拍子。 ㈡一二三四五月五 來划龍舟敲鑼鼓 媽媽忙著包粽子 家家戶戶過端午 1.中國鼓： ∣ 0 ∣ 0 ⊓ ⊓ ∣ 0 2.木魚： ⊓ ⊓ ⊓ ∣ ∣ 3.鑼：∣ － ∣ － ∣ － － 0 五、樂器練習。 ㈠直笛。 「ㄒㄧ」、「ㄉㄚ」、「ㄙㄛ」音的曲調。 （配伴奏） ㈡口風琴。 1.手指運動──練習指法一、二、三指。 2.彈奏「ㄒㄧ」、「ㄉㄚ」、「ㄙㄛ」三音的曲調。 ㈢鐵琴：《瑪莉的小羊》 57 25 57 25 ∣ 14 61 57 25 ∣ 57 27 57 25 ∣ 14 61 57 5 ∣			

開發智能‧解決問題

單元名稱	教學目標	教學內容設計	問題類型	多元智能教學方法	教學資源
表演	一、能知道表演活動訊息。 二、知道各項藝文表演形式。 三、能知道及遵守觀賞表演應有的規矩和禮儀。 四、樂於參與藝文活動。 五、視譜與曲調創作。	一、討論表演活動訊息。 ㈠活動訊息：討論如何得知活動訊息。 ㈡分享個人所知道的各項藝文表演形式。 ㈢介紹觀賞表演規則與禮貌。 二、節奏樂器表演。 ㈠討論表演的人要有哪些態度。 ㈡旋律樂器演奏——瑪莉的小羊：口風琴、直笛、鐵琴。 ㈢節奏樂器表演——新年到，慶端午：中國鼓、鑼、竹板、木魚。 三、節奏唸謠。 ㈠新年到、新年到。穿新衣、戴新帽，家家戶戶放鞭炮。 你吃果、我吃糕，還領一個大紅包。 1.中國鼓：冂 冂 　　　　　冂 丨 2.鑼：敲第四拍。 3.竹板：打拍子。 ㈡一二三四五月五 來划龍舟敲鑼鼓 媽媽忙著包粽子 家家戶戶過端午 1.中國鼓： 丨 ○ 丨 ○ 冂 冂 丨 ○	Type Ⅲ Type Ⅱ Type Ⅳ	語文 內省 音樂 音樂 語文	1.敲擊樂器 2.譜表 3.直笛 4.口風琴 5.鐵琴 6.CD 放音機

單元名稱	教學目標	教學內容設計	問題類型	多元智能教學方法	教學資源
表演		2.木魚： ⊓⊓∣∣ 3.鑼： ∣－∣－∣－－○ 四、視譜。 ㈠複習「ㄉㄚ」、「ㄙㄛ」、「ㄇㄧ」、「ㄖㄨㄝ」、「ㄉㄛ」等音的聽辨與在五線譜上的位置。 ㈡習唱由「ㄉㄚ」、「ㄙㄛ」、「ㄇㄧ」、「ㄖㄨㄝ」、「ㄉㄛ」等音組成的曲調。 ㈢請學生在鐵琴上用「ㄉㄚ」、「ㄙㄛ」、「ㄇㄧ」、「ㄖㄨㄝ」、「ㄉㄛ」等音敲出自己喜歡的曲調。	 Type Ⅲ Type Ⅴ		

捌 ———————— 身體動覺 —

▶▶▶ 形形色色 ◀◀◀

課程目標

一、透過各種有趣的身體活動參與機會，引導幼兒熟練穩定性、移動性及操作性技能
　　的基礎動作能力。

二、啓發幼兒肢體表達潛能，增加幼兒動作創作機會。

三、透過問答、模仿與實作，培養幼兒多元思考和問題解決的能力。

四、以合作的方式完成工作目標，發揮運動團隊精神。

五、提升學生身體動作的空間、時間和力量要素的應用。

單元名稱	教學目標	教學內容設計	問題類型	多元智能教學方法	不同能力學生課程調整方式
身體的躍動	一、增進身體跳躍的基本能力。 二、訓練身體的協調性和反應時間。 三、發揮身體功能，提升基本動作能力的穩定性。	序～音樂暖身操。（CD PLAYER 與音樂） 一、請幼兒展示身體各部位並說出部位名稱。 二、讓幼兒分享身體各部位的運用方式。 三、練習單腳跳、雙腳跳、開合跳。 四、利用雙腳嘗試不同的跳躍方法。	Type Ⅰ：說出身體部位名稱與運用方式。 Type Ⅰ：會做出單腳跳和雙腳跳。 Type Ⅱ：會做出不同的跳躍方法。	語文 邏輯數學 身體動覺	1.請幼兒說出身體各種部位的名稱。 2.嘗試單、雙腳跳。

單元名稱	教學目標	教學內容設計	問題類型	多元智能教學方法	不同能力學生課程調整方式
身體的躍動		五、請幼兒用雙腳擺出不同的形狀，並以此形狀進行跳躍。	Type II：會用腳擺出不同的形狀。		3.請幼兒用腳擺出不同的形狀。
		六、利用身體部位表現跳躍方法。	Type III：會利用身體其他部位做出不同的跳躍方法。	身體動覺	4.利用身體各種部位嘗試跳躍。
		七、利用幾何圖形代表不同的跳躍方法，練習直線跳躍。（提供幾何圖形卡分享）	Type IV：會做出各種不同組合的跳躍方法。		
		八、利用幾何圖形，組合不同的圖形，從事跳躍練習。	Type V：會創作很多跳躍的方法。	邏輯數學	
		九、請幼兒畫下形狀設計圖，並自行或與同伴一起合作呈現此設計圖形。（準備圖畫紙、蠟筆讓幼兒記錄下來）		視覺空間	5.請幼兒畫下自己設計的形狀圖。

單元名稱	教學目標	教學內容設計	問題類型	多元智能教學方法	不同能力學生課程調整方式
想像的精靈	一、引發對氣球的聯想。 二、運用肢體表達想像的情境。	序～音樂暖身操。（CD PLAYER 與音樂） 一、利用氣球國的故事引導請幼兒分享對氣球的感覺。 二、引導幼兒進行想像遊戲。（氣球是想像的） ㈠吹氣球。 ㈡氣球爆開。 ㈢用身體部位拍擊氣球。 三、氣球的遊戲。（準備氣球每人一顆）（真實的氣球，練習由 A 點至 B 點的各種位移） ㈠用身體各部位來拍擊氣球。 ㈡抱氣球跳躍。 ㈢抱氣球走路。 ㈣抱氣球奔跑。 ㈤將球舉至最高點做身體的位移。 四、用中型球進行三的活動。（中型球二顆、小椅子二張為 A、B 點） 五、用自己的方式穿越過所設置的低線。（毛線一捆為低線）	Type I ：用述說的方式來分享對氣球的感覺。 Type IV ：以肢體進行氣球的想像遊戲，例：吹氣球的方式、氣球爆開的姿態、拍擊氣球的樣貌等。 Type IV ：用肢體各部位來拍擊氣球。 Type IV ：用各種肢體方式抱氣球做位移練習。 Type V ：穿越所設置的低線。	語文 身體動覺 身體動覺 身體動覺	

單元名稱	教學目標	教學內容設計	問題類型	多元智能教學方法	不同能力學生課程調整方式
想像的精靈		六、毛毛蟲爬行的想像遊戲。 （準備圖畫紙、蠟筆讓幼兒畫下來分享） ㈠請幼兒發表看過的動物或昆蟲的模樣為何，且自行表演。 ㈡請幼兒躲到大型黑色塑膠袋中，當同伴數完 1、2、3 後立即表演出一種動物或昆蟲的姿態，請同伴猜一猜。 ㈢承㈡，若是你來表演該種動物或昆蟲，你會如何表現？	Type Ⅰ：請畫下自己喜歡的動物與動物的姿態，並示範出圖中動物。 Type Ⅴ：自由演出一種動物的模樣。	語文 視覺空間 人際 內省 身體動覺	

單元名稱	教學目標	教學內容設計	問題類型	多元智能教學方法	不同能力學生課程調整方式
自己與形狀	一、讓幼兒感受身體不同的形狀。 二、提升同伴間的互動。 三、增進肢體動作的想像。	一、暖身活動。（CD PLAYER 與音樂）			1.說出對形狀的聯想與延伸。
		二、利用身體的形狀請幼兒作聯想的活動，並用自己的方式表達，例如：頭是圓形，請幼兒針對圓形作身體的延伸想像。	Type III：表現出自己對形狀的延伸物品。	語文 身體動覺	
		三、利用鏡子讓幼兒畫下自畫像；接著請幼兒以此畫像彼此分享。（準備每人一面鏡子）	Type III：畫下自己與同伴的樣子。	視覺空間 人際	2.畫下同伴的模樣。
		四、運用鏡子遊戲。（請幼兒面對面，讓幼兒觀察同伴的動作並作出與同伴相同的動作）	Type V：依照鏡子的原理，模仿出同伴的肢體動作。	人際 身體動覺	3.模仿同伴的肢體動作。
		五、利用呼拉圈當鏡子，讓幼兒進行相反動作的遊戲。（準備每人一個呼拉圈）	Type V：依照鏡子的原理，作出與同伴相反方向的動作。	身體動覺 邏輯數學	
		六、報紙遊戲。讓幼兒練習身體形狀的扭曲、翻轉、收縮及延伸。（準備二張報紙讓幼兒依著報紙的轉動而轉動）	Type V：身體依照報紙的扭曲、翻轉、收縮而變化自己的肢體。	身體動覺	4.身體隨著報紙的形狀改變而表現出不同的肢體動作。

單元名稱	教學目標	教學內容設計	問題類型	多元智能教學方法	不同能力學生課程調整方式
翻山越嶺PART I	一、培養動作表達與創作能力。 二、培養人際正面互動關係。 三、培養建構能力。	一、暖身活動。 （CD PLAYER 與音樂） 二、利用身體部位創造不同形狀的山洞。（用山洞圖來引導幼兒分享對山洞的感覺） 三、二人一組，嘗試引導其他幼兒過身體的山洞。 四、由二人、三人或一人一組創造不同形狀或大小的山洞，由其他人輪流爬過山或是過山洞。 五、自己創作出屬於自己的山洞，並請每個幼兒都來挑戰過山洞。	Type I ：利用手做出山洞造型。 Type II ：利用身體部位做出不同的山洞造型。 Type III ：做出各種過山洞的動作。	邏輯數學 人際 身體動覺 視覺空間 身體動覺	1.運用肢體呈現一座山的形狀。 2.找出身體可以呈現的山洞，並以肢體呈現。 3.用周圍資源設計一座山，並呈現屬於自己的山洞。

▶▶▶ 你我他 ◀◀◀

單元名稱	教學目標	教學內容設計	問題類型	多元智能教學方法	不同能力學生課程調整方式
我的身體真神奇	一、認識身體的部位，增進身體知覺。 二、發揮身體功能，提升穩定性基本動作能力。	一、暖身活動。（CD PLAYER與音樂） 二、認識身體部位，了解身體部位的功能。（準備人體身體構造圖） 三、嘗試用身體一個部位做動作，例：用手畫圖、用腳跑步。 四、組合身體二個以上部位同時做出不同的動作。 五、表現身體部位可從事的動作。	TypeⅠ：說出身體部位的名稱與主要功能。 TypeⅡ：說出身體部位的功能。 TypeⅢ：做出身體部位可以做的動作。	語文 內省 身體動覺	1.說出身體部位名稱。 2.用一個部位的肢體表現出其主要動作，例：腳能跑步。

單元名稱	教學目標	教學內容設計	問題類型	多元智能教學方法	不同能力學生課程調整方式
橋	一、培養穩定性的基本動作能力。（包括動、靜態平衡感） 二、發揮肢體創造能力。 三、增進良好的人際關係。	一、暖身活動。 （CD PLAYER與音樂） 二、說「山羊過橋」的故事，引導幼兒模仿在平衡木過橋的動作。 三、二個幼兒各從平衡木的兩端前進，至交會處時雙方皆不能落地並抵達另一端。 （可以準備寬膠布貼在地上讓幼兒還未走在平衡木上時做練習，幼兒熟悉後就可使用真的平衡木） 四、練習在平衡木上做出各種移動、靜止動作。 五、二人一組在平衡木上進行互推遊戲。 六、利用器具布置，訓練靜態和動態平衡動作能力。	TypeⅠ：在平衡木模仿山羊過橋。 TypeⅤ：兩個幼兒同時以自己的方式通過平衡木並不能落地。 TypeⅢ：在平衡木上做出不同的動靜態動作。 TypeⅣ：將所設計的動靜態動作串連成一連串的肢體動作呈現。	人際 身體動覺 視覺空間	1.說出「山羊過橋」的故事。 2.在平衡木上擺出一個靜止動作且身體達到平衡。 3.在平衡木上表現出一個動態動作。

單元名稱	教學目標	教學內容設計	問題類型	多元智能教學方法	不同能力學生課程調整方式
你傳我接	一、能表現手和身體之間的協調性。 二、增進空間和身體知覺。 三、能表現不同形式的傳球技能。	一、控球繞圈。 （準備大小不同的軟球，提供幼兒選擇） ㈠教師示範利用手抓球繞自己身體部位。（頭、腰、腿、膝） ㈡引導幼兒依照教師指令，嘗試以球和身體玩捉迷藏的遊戲。 ㈢請幼兒嘗試讓球由高向下繞身體部位，再由下而上，由左而右，練習不同的移動路徑。 ㈣幼兒自行選擇不同的姿勢、大小不同的球和繞圈部位，進行三十秒的繞圈遊戲。 二、你傳我接。 ㈠幼兒排成一排，以接力方式，抓球繞自己的身體兩圈，再傳給下一位。 ㈡鼓勵幼兒嘗試以不同的方式原地傳球給他人，如向上、胯下，轉身傳接球。 ㈢自我評估能表現多少種傳球的動作。 ㈣探索哪一種傳球動作最快。	Type I ：能利用手抓球繞自己身體部位。 Type II ：能嘗試以球和身體玩捉迷藏的遊戲。 Type III ：能夠用肢體做不同的移動路徑。 Type II ：能用實物進行三十秒的繞圈遊戲。 Type III ：能抓球繞自己的身體兩圈之後再傳給下一位。 Type IV ：能以不同的方式原地傳球給他人。 Type IV ：自我評估能表現多少種傳球的動作。	身體動覺 身體動覺 身體動覺 人際 身體動覺 身體動覺 身體動覺	1.幼兒如果無法抓球，可能是因手指小肌肉力量不足或是柔軟度較差，教師可以換較小的球較容易控制。 2.動作技巧佳的幼兒可以鼓勵用單手傳球等難度較高的技能。

單元名稱	教學目標	教學內容設計	問題類型	多元智能教學方法	不同能力學生課程調整方式
翻山越嶺ＰＡＲＴ II	一、培養動作表達與創作能力。 二、能利用肢體動作解決問題困難，並促進人際互動關係。 三、培養動作建構能力和肢體的協調性。	一、身體的洞。 （準備山洞的圖） ㈠教師引導幼兒觀賞平時中出現的「洞」，並說明洞的特徵。 ㈡引導幼兒利用身體部位模仿圖片中洞的造型，並說明洞的名稱和功能。 ㈢請幼兒嘗試做出三種不同造型、大小的洞。 二、穿洞遊戲。 ㈠幼兒二人一組，事前討論洞的造型，一人做出洞的造型，另一人則以身體部位穿越洞，以合作模式完成任務。 ㈡再由二人、三人或四人一組，創造不同形狀或大小的山洞，由其他人以接力方式輪流爬過山或是穿越山洞。	Type II：能用手的肢體動作做出山洞的造型。 Type III：將想像中的山洞以繪畫方式畫下來。 Type IV：會用身體不同的部位做出山洞的造型。 Type IV：能用各種方式鑽過不同造型的山洞。	身體動覺 身體動覺 視覺空間 人際 身體動覺 人際 身體動覺	1.對於不善於表達的幼兒，教師可以先示範或是進一步說明清楚洞的造型。 2.教師盡量鼓勵幼兒，創造奇特的洞或是以不同動作形式穿越洞。

▶▶▶ 成長 ◀◀◀

單元名稱	教學目標	教學內容設計	問題類型	多元智能教學方法	不同能力學生課程調整方式
蛋蛋日記	一、增加翻滾的基本動作能力。 二、提升平衡能力。 三、能表現身體的控制能力。 四、表現不同方法的翻滾動作。	一、我是一顆蛋。（準備雞蛋、小滾筒） ㈠教師展示水煮蛋，說明蛋經由孵化、成熟後就能變成小雞。 ㈡教師翻滾水煮蛋，引導幼兒發表雞蛋可以翻滾的原因是什麼？並引導幼兒嘗試模仿水煮蛋翻滾的樣子。 ㈢請幼兒嘗試做出二種不同形式的雞蛋翻滾。 二、滾來滾去。 ㈠教師展示小滾筒滾翻動作，引導幼兒觀察並發表小滾筒和雞蛋翻滾的差異。 ㈡幼兒嘗試模仿小滾筒翻滾動作，並能保持向前移動。 ㈢教師設計活動路線，幼兒嘗試以不同的翻滾形式沿著路線行進。 ㈣引導幼兒發表哪一種翻滾方式比較容易移動前進。	Type I：能嘗試模仿水煮蛋翻滾形式。 Type II：能做出二種不同形式的雞蛋翻滾。 Type III：能觀察並發表小滾筒和雞蛋翻滾的差異。 Type III：能模仿小滾筒翻滾動作，並能保持向前移動。 Type IV：能嘗試以不同的翻滾形式沿著路線行進。	身體動覺 自然觀察 身體動覺 自然觀察 語文 身體動覺 身體動覺 視覺空間	1.幼兒翻滾時容易傾倒，無法坐立，教師必須適時的輔助。 2.身體翻滾時，若幼兒動力不足，教師必須適時的輔助。

單元名稱	教學目標	教學內容設計	問題類型	多元智能教學方法	不同能力學生課程調整方式
誕生	一、增進身體控制能力。 二、提升柔軟度和肌肉適能。	一、我來自媽媽的身體。 （準備紙箱、塑膠繩） (一)教師簡單說明出生的經過，包括從媽媽肚子，經過產道，再來到外面世界，強調誕生時會穿越產道的經過。 (二)教師引導幼兒利用箱子，模擬媽媽的產道，幼兒模仿小嬰兒誕生動作，從產道起點移動至終點。 二、連體嬰。 (一)二人合作利用大小不同的箱子布置成媽媽的產道（不同的行進路徑），再嘗試以連體嬰方式，從產道起點移動至終點。 (二)探討如果二人無法通過箱子時，該如何解決。	Type III：能模仿小嬰兒誕生動作，從產道起點移動至終點。 Type IV：能以連體嬰方式，從產道起點移動至終點。	自然觀察 身體動覺 自然觀察 視覺空間 人際 語文	提示幼兒，小嬰兒的動作主要是以扭動進行，如果幼兒無法前進，再以爬行方式進行。

單元名稱	教學目標	教學內容設計	問題類型	多元智能教學方法	不同能力學生課程調整方式
像大樹一樣高	一、表現身體造型。 二、提升身體知覺和空間知覺。 三、能記住動作表現。	一、小樹長大了。 （準備樹的成長圖、彩色筆、海報紙） ㈠教師展示樹成長過程的圖，引導幼兒利用身體模仿種子、種子發芽和小樹的造型。 ㈡幼兒利用站姿，表現一棵樹的造型。 ㈢嘗試躺在海報紙上表現樹的造型，教師嘗試以彩色筆畫下樹的造型。 ㈣讓幼兒比較站姿和躺姿時，樹的造型有何差異。 二、小樹變大了。 ㈠教師將四張全開海報紙組合成一張大海報紙，讓所有幼兒從底部開始，以身體動作向上移動，以漸進式的動作組合成一棵大樹的造型。 ㈡當幼兒完成動作之後，請他們從底部反覆剛才的動作，漸漸地由底部向上延伸，考驗幼兒動作記憶的能力。	Type Ⅲ：能利用身體模仿種子、種子發芽和小樹的造型。 Type Ⅳ：利用站姿，表現一棵樹的造型。 Type Ⅳ：能躺在海報紙上表現樹的造型。 Type Ⅳ：能以漸進式的動作組合成一棵大樹的造型。 Type Ⅰ：能記憶動作。	自然觀察 身體動覺 身體動覺 身體動覺 視覺空間 身體動覺 視覺空間 人際 語文	1.平衡能力佳的幼兒，教師可以鼓勵他以單腳站姿表現動作。 2.當幼兒動作記憶較差時，教師要適時地提醒。

▶▶▶ 四季 ◀◀◀

單元名稱	教學目標	教學內容設計	問題類型	多元智能教學方法	不同能力學生課程調整方式
春神的腳步	一、感受春天氣氛。 二、引發幼兒對季節的感受力。 三、體驗身體的表達功能。 四、增進肢體的表達創作力。	一、暖身活動。（準備CD PLAYER與音樂）		身體動覺 音樂	1.用一個肢體動作表現春天的感覺。
		二、聆聽音樂，並用肢體呈現音樂的感受。	Type V：能用肢體呈現音樂的感受。	身體動覺 音樂	
		三、請幼兒表演一個關於春天事物的故事。（準備數條絲巾）	Type IV：能表演一個關於春天事物的故事。	身體動覺 語文	
		四、運用呼拉圈表達想像中季節生長與改變的特色。（準備每人一個呼拉圈）	Type IV：能運用呼拉圈表達季節生長與改變的特色。	語文 身體動覺	
		五、教師以「春天的故事」為旁白，請幼兒依著故事的情節推演，用自己的肢體動作來表現故事內容。	Type III：能用肢體動作來表現故事內容。	語文 視覺空間	
		六、請幼兒與同伴一起討論一個與春天相關的故事，以繪圖方式記錄下來並和同伴共同演出。	Type V：能與同儕討論春天相關的故事。	人際 身體動覺 語文 視覺空間	2.與同伴一起討論與春天相關的故事並用口語方式呈現。

單元名稱	教學目標	教學內容設計	問題類型	多元智能教學方法	不同能力學生課程調整方式
夏的氣息	一、培養與同伴間的默契。 二、提升身體與空間的協調度。 三、運用肢體動作與同伴溝通。	一、（準備 CD PLAYER 與音樂）暖身活動。 二、雪花冰的想像遊戲。 三、請幼兒聞各種水果的氣味後，用肢體動作或表情表現其氣味。（準備數種時令水果） 四、請幼兒用肢體模仿出夏天常出現或使用的物品，並請同伴猜猜看。 五、請幼兒用自己的方式和同伴分享印象中夏天的感覺，並請同伴相互用自己的方式來呈現對方的感覺。 六、和同伴共同完成一幅夏天的作品。（任何材料與形式皆可）（準備全開書面紙、水彩、白膠與棉花、毛線以供幼兒使用） 七、（準備攝影設備與相機）請用默劇的形式合演一齣夏天的故事。	Type II：能聞各種水果的氣味後，用肢體動作或表情表現氣味。 Type III：能模仿出夏天的物品。 Type V：能與同儕分享夏天的感覺。 Type V：能完成一幅夏天的作品。 Type V：能與同儕合演一齣夏天的故事。	身體動覺 身體動覺人際 語文人際 視覺空間人際 身體動覺視覺空間人際	1.口頭分享夏天的感覺。 2.將夏天的特色畫下來，並和同伴分享。

單元名稱	教學目標	教學內容設計	問題類型	多元智能教學方法	不同能力學生課程調整方式
秋——會跳舞的葉子	一、探索肢體的扭、曲、伸、展。 二、增進身體的移位性動作。 三、提升幼兒的觀察與分析能力。	一、暖身運動。（CD PLAYER與音樂） 二、運用神秘箱讓幼兒來摸摸箱子裡的東西，並請幼兒用肢體動作來表達分享。（箱子一只、提供數種物品讓幼兒觸摸）	Type Ⅲ：能用肢體動作表達。	身體動覺 身體動覺	1.請幼兒口頭分享在神秘箱中摸到的東西。
		三、運用「葉子歷險記」的故事引導幼兒觀察、想像葉子的姿態，並請幼兒用身體來表達。（各種類的葉子圖卡或真實葉子） ㈠樣子——形狀、顏色、紋路。 ㈡變化——發芽、生長、枯萎、落下。	Type Ⅳ：能用肢體表達觀察到的葉子。	身體動覺 視覺空間	2.用肢體表現葉子落下的樣子。
		四、畫下印象中最喜愛的葉子，並與同伴分享。（準備圖畫紙與蠟筆）	Type Ⅱ：能畫出喜愛的葉子。	視覺空間 語文	3.和同伴討論葉子的姿態有哪些。
		五、請與同伴一起設計一連串葉子變化的動作姿態，且一起呈現。（可提供絲巾或縐紋紙、衛生紙）	Type Ⅴ：能與同伴設計葉子變化的動作姿態。	身體動覺 人際 視覺空間	

單元名稱	教學目標	教學內容設計	問題類型	多元智能教學方法	不同能力學生課程調整方式
冬眠中	一、探索身體的功能。 二、學習用身體來創作和遊戲。 三、提升幼兒的移位動作及其他組合變化。	一、暖身活動。（CD PLAYER 與音樂） 二、請幼兒分享覺得自己身體的哪個部位最特別。 三、由教師設計題目，請幼兒運用身體來傳達與溝通（請幼兒不能對話），並讓同伴來猜猜看。 四、同三，請幼兒自行設計題目，運用身體來傳達與溝通（請幼兒不能對話），並讓同伴來猜猜。 五、蒙眼遊戲～請幼兒猜猜看你摸到什麼呢？並試著將摸到的部分畫下來與同伴分享。（使用眼罩或絲巾） 六、蒙眼遊戲的謎底揭曉。 七、飾演兩種動物冬眠中的狀態。（提供幼兒欣賞各種動物冬眠姿態的樣子） 八、如果身體的其中一個部分冬眠了，那你會怎麼走路、怎麼跑步、怎麼爬行？請幼兒來表達，並由 A 點移動至 B 點。	Type IV：能分享自己身體的哪個部位最特別。 Type V：能運用身體來傳達與溝通。 Type III：能自行設計題目。 Type V：能將摸到的部分畫下來與同伴分享。 Type IV：能演出兩種動物冬眠中的狀態。	身體動覺 語文 身體動覺 人際 身體動覺 人際 語文 視覺空間 語文 身體動覺 身體動覺	1.教師設計題目讓幼兒表達一個肢體動作。 2.請幼兒口頭分享摸到物品的感覺是什麼。 3.飾演一種冬眠中的動物。

▶▶▶ 節慶 ◀◀◀

單元名稱	教學目標	教學內容設計	問題類型	多元智能教學方法	不同能力學生課程調整方式
年，來了！	一、提高身體的平衡感。 二、分享過年的氣氛與感受。 三、增加身體的延伸性。	一、暖身活動。 （CD PLAYER 與音樂） 二、教師分享年獸的故事。 三、用默劇的方式表演年獸的故事。 四、請幼兒在平衡木上表現出想像中的年獸姿態，並保持平衡五秒鐘。（準備平衡木） 五、同四，在有高度的平衡木上表演年獸。 六、畫下同伴扮演的年獸。（準備圖畫紙與蠟筆） 七、兩隻年獸在有高度的平衡木上相互拜年。	Type V：表演年獸的故事。 Type V：在有高度的平衡木上表演年獸。 Type IV：在有高度的平衡木上相互拜年。	身體動覺 語文 視覺空間 身體動覺 身體動覺 視覺空間 身體動覺	1.用自己的方式說年的故事。

單元名稱	教學目標	教學內容設計	問題類型	多元智能教學方法	不同能力學生課程調整方式
年，來了！		八、運用彩帶請幼兒各自編一段過年賀喜的舞蹈。（每個幼兒準備一條彩帶） 九、將幼兒們各自的舞蹈串連起來，變成舞蹈組曲。	Type V：能編一段過年賀喜的舞蹈。 Type V：能串連舞蹈組曲。	音樂 身體動覺 視覺空間 人際 身體動覺	2.請幼兒自編一段舞蹈。

單元名稱	教學目標	教學內容設計	問題類型	多元智能教學方法	不同能力學生課程調整方式
自創的節日	一、提升身體的協調性。 二、增進創意性思考。	一、暖身活動。 （CD PLAYER與音樂）		身體動覺	
		二、請畫一座植物園的設計圖。 （準備圖畫紙與蠟筆）	Type II：能畫一座植物園。	視覺空間	
		三、請幼兒運用周邊物品設計一座植物園，並與同伴彼此交流設計的想法。	Type V：能運用周邊物品設計一座植物園。	視覺空間 人際	
		四、為了植物園自創一個特別的節日，並表演節慶的舞蹈。 （提供各種樂器）	Type V：能表演節慶的舞蹈。	身體動覺 視覺空間	1.設計一個植物園的特別活動。設計一個特殊節日的活動。
		五、自創一個特殊節日，包含其意義、紀念性、特殊慶典與相關活動的設計；並用紙張或是錄音等各種方式記錄下來。 （準備錄音機錄下幼兒的計畫並提供圖畫紙和蠟筆讓幼兒記錄）	Type V：能自創一個特殊節日。	身體動覺 視覺空間 語文	
		六、氣球活動：將氣球與節慶舞蹈相結合，自創新舞蹈或是慶典活動。 （準備氣球數個與節慶相關音樂）	Type IV：能自創新舞蹈或是慶典活動。	視覺空間 身體動覺	2.利用球的特性將球由 A 點帶至 B 點。

單元名稱	教學目標	教學內容設計	問題類型	多元智能教學方法	不同能力學生課程調整方式
舞獅慶佳節	一、能表現舞獅的動作。	一、教師說明舞獅在節慶活動中的意思。		身體動覺	
	二、能利用移動性動作進行創作。	二、（準備舞獅影片和舞獅獅頭）引導幼兒觀賞舞獅影片，模仿舞獅的基本動作。	Type Ⅲ：能模仿舞獅的基本動作。	身體動覺	
	三、能自創舞獅動作。				
	四、能自創象徵節慶動物的動作。	三、利用走、跑、跳、滾的動作，創作成獅子移動動作。	Type Ⅲ：能創作獅子移動的動作。	身體動覺視覺空間	如果幼兒無法做出太多移動性動作，可以改靜態性動作。
		四、用身體表現獅子喜、怒、哀、樂時的動作。	Type Ⅳ：能用身體表現獅子的動作。	身體動覺	
		五、自創舞獅的動作，並說明動作的意思。	Type Ⅴ：能自創舞獅的動作。	身體動覺	
		六、鼓勵幼兒嘗試以自己喜歡的動物表現慶祝節慶的動作。			

單元名稱	教學目標	教學內容設計	問題類型	多元智能教學方法	不同能力學生課程調整方式
美麗的煙火秀	一、能模仿煙火發射動作。 二、能控制身體力量的快慢要素。 三、能表現身體空間的伸縮要素。	一、（準備煙火圖片）引導幼兒欣賞煙火圖片。 二、（準備彩色筆和圖畫紙）讓幼兒畫出節慶活動中看到的煙火圖形。 三、利用身體模仿圖形中煙火放射的動作。 四、利用身體表現其他煙火放射的圖形。 五、利用身體表現煙火放射快慢的動作。 六、討論哪些情景有類似煙火放射伸縮的動作。 七、利用身體創作其他有伸縮、放射的情景，並描述情景的意義。	Type II：能模仿圖形中煙火放射的動作。 Type III：能利用身體表現煙火放射的圖形。 Type III：利用身體表現煙火放射快慢的動作。 Type III：能說出哪些情景有類似煙火放射伸縮的動作。 Type IV：能描述情景的意義。	視覺空間 身體動覺 身體動覺視覺空間 身體動覺 身體動覺語文 身體動覺語文	1.幼兒如果對於動作的伸縮和快慢要素表現能力較差時，可以引導他們嘗試以動作的方向性變化來取代。 2.對於圖形創作較差的幼兒，可以多提供煙火照片參考。

▶▶▶ **家庭** ◀◀◀

單元名稱	教學目標	教學內容設計	問題類型	多元智能教學方法	不同能力學生課程調整方式
媽媽萬歲	一、能模仿媽媽的肢體動作。 二、能利用肢體動作表現對媽媽的感謝之意。	一、說明明天是母親節，引導學生發表母親節時，如何向媽媽表示謝意。 二、發表自己對媽媽的感覺以及媽媽的特徵。 三、利用肢體表現媽媽常從事的活動。 四、聽《母親您真偉大》的歌曲，並利用肢體動作表現歌曲意思。 五、利用自己的身體表現對媽媽的感謝之意。	Type II：能發表自己對媽媽的感覺以及媽媽的特徵。 Type III：能利用肢體表現媽媽常從事的活動。 Type IV：能利用肢體動作表現歌曲意思。	語文 身體動覺 音樂 身體動覺	如果幼兒不了解歌詞的意義，教師須進一步解釋。

單元名稱	教學目標	教學內容設計	問題類型	多元智能教學方法	不同能力學生課程調整方式
這是誰的家	一、能以身體表現各種住家造型。 二、能控制身體的穩定性、平衡感。 三、能快速變化身體造型。	一、觀賞各種住家的造型。 二、利用身體表現自己住家的造型。 三、利用身體表現二種以上的住家造型，並能連續變化造型。 四、討論動物住的家有哪些造型。 五、利用身體表現各種動物的住家造型。 六、利用身體創作動物和住家的關係，並說明表演情境的意思。	Type Ⅲ：能表現自己住家的造型。 Type Ⅲ：能利用身體表現二種以上的住家造型。 Type Ⅳ：能了解動物住的家有哪些造型。 Type Ⅴ：能利用身體表現各種動物的住家造型。	身體動覺 視覺空間 身體動覺 自然觀察 語文 身體動覺	如果學生肢體動作較豐富，可以嘗試引導學生表現動態的住家造型，和住家環境的情境。

單元名稱	教學目標	教學內容設計	問題類型	多元智能教學方法	不同能力學生課程調整方式
快樂星期天	一、了解家人的特色。 二、能模仿家人的動作和生活習慣。	一、引導幼兒發表家中有哪些人,並說明自己對他們的感覺。 二、利用臉部表情和身體動作扮演成家人,並發表他的特色。 三、發表家人在星期假日常從事的活動。 四、利用身體動作表現星期天家人從事的活動,並說明情境。	Type III:能利用臉部表情和身體動作扮演成家人。 Type IV:能描述家人在星期假日常從事的活動。	人際 身體動覺 身體動覺 語文	如果幼兒無法表現家人活動情形,可以選擇單一家人活動情形。

單元名稱	教學目標	教學內容設計	問題類型	多元智能教學方法	不同能力學生課程調整方式
三隻小豬的家	一、能以身體動作表現「三隻小豬」的故事情境。 二、能善用器具創作房子造型。	一、說出「三隻小豬」的故事內容。 二、利用巧拼塑膠墊組合成房子。 三、以說、演的方式表現「三隻小豬」故事內容中最喜歡的情境。 四、自己創作房子造型，並利用身體表現在家中的活動。 五、用組合墊拼裝成房子造型。 六、利用身體動作說明自己房子的功能。	TypeⅢ：利用身體表現「三隻小豬」的故事內容。 TypeⅣ：利用身體創作有關房子的相關情境。	視覺空間 語文 身體動覺	如果學生無法進行邊說邊演的表達方式，教師可以協助旁白。

▶▶▶ **學生作品範例** ◀◀◀

單元名稱	問題類型／內容	作品名稱	作品照片	作品說明／評述
形形色色——自己與形狀	TypeIV：依照鏡子的原理，模仿並作出同伴的肢體動作。	鏡子遊戲		
	TypeIV：依照鏡子的原理，但是作出與同伴相反方向的動作。			

單元名稱	問題類型／內容	作品名稱	作品照片	作品說明／評述
形形色色——自己與形狀	Type V：自己設計一連串的肢體動作並表現出來。	鏡子遊戲		A 生畫下對方的模樣——畫出同伴的表情和動作。
				B 生畫下對方的模樣。
你我他——橋	Type VI：能將所設計的動靜態動作串聯成一連串的肢體動作呈現。	平衡木		幼兒在平衡木上用自己的方式過平衡木。

單元名稱	問題類型／內容	作品名稱	作品照片	作品說明／評述
你我他——橋	Type V：能以自己的方式通過平衡木並不能落地。	平橫木		加上呼拉圈協助專注力的發展。
				身體必須有相當的柔軟度與空間的思考才能不碰到線。
				幼兒自己將線的路線安排好自己挑戰難關。

單元名稱	問題類型／內容	作品名稱	作品照片	作品說明／評述
你我他——橋	Type V：能以自己的方式通過平衡木並不能落地。	平衡木		幼兒彼此學習觀察同伴身體的變化。

單元名稱	問題類型／內容	作品名稱	作品照片	作品說明／評述
四季——春神的腳步	TypeⅢ：幼兒的身體姿態能以自己的方式保持平衡。	停在樹上的葉子		B生將身體歪斜一邊說：「我是一片黏在樹枝上的葉子。風來了吹一吹會掉下來。」她斜著一邊維持身體的平衡。
		在河裡流動的葉子		A生想像自己是在河流中流動的葉子，運用身體的翻滾來表現葉子的狀態。他運用手肘以及腿部來維持身體的平衡。
	TypeⅣ：能用肢體表現一段有連續性的肢體動作。	小樹長高囉！		B生直挺挺地站立著，伸起自己的手臂慢慢地往上伸展，並張開手掌當成是小樹的葉子。

單元名稱	問題類型／內容	作品名稱	作品照片	作品說明／評述
四季——春神的腳步	TypeⅣ：能用肢體表現一段有連續性的肢體動作。	小樹長高囉！		樹枝越長越高，連樹幹都長高了（幼兒用抬起頭的方式來表現）；葉子曬到陽光也越來越長大了（幼兒將手掌立起來當成葉子長大的模樣）。她能夠用肢體來表達完整並且有連貫的活動；她能將自己的想像運用在肢體表現中。
		櫻花的小種子慢慢長大		這是一顆尚未發芽的櫻花小種子，它住在土壤中。幼兒將身體曲成圓形代表一顆未發芽的種子。
				春天來了，他慢慢地發出一點點小芽。幼兒伸出左邊的小手代表剛剛冒出來的小芽……

單元名稱	問題類型／內容	作品名稱	作品照片	作品說明／評述
四季——春神的腳步	TypeⅣ：能用肢體表現一段有連續性的肢體動作。	櫻花的小種子慢慢長大		過不久，櫻花長出了兩片小葉子。幼兒用兩個手掌併攏代表剛發出來的兩片嫩芽。身體也已經直立起來代表長高的樹苗。
				櫻花長高了，有很多的葉子長出來了。幼兒站直了身體並將手臂伸直、腳尖墊高表示長高的櫻花樹。
				櫻花終於開花了，讓每個人都可以欣賞美麗的櫻花。幼兒將手掌握出一個圓形代表櫻花的美麗花朵。 A生完成了一連串有發展順序的肢體動作。將春天種子發芽到生長開花的過程一一表現出來；並且將自己的創意融入肢體動作中。

單元名稱	問題類型／內容	作品名稱	作品照片	作品說明／評述
四季──春神的腳步	Type V：兩人合作設計出一連串具故事性的肢體動作並呈現。	小葉子歷險	圖一 圖二 圖三 圖四	這是 B 生和 A 生一起合作的故事。A生飾演的角色有：石頭、河流、鳥等等；B生則是飾演一片葉子。 內容是這樣：有一片葉子從樹上掉下來（圖一），被風吹啊吹，吹到了一顆石頭邊，石頭問葉子說：「你怎麼在這裡？」葉子說：「我被風吹來的！」（圖二）接著風又把葉子吹進河裡，葉子隨著小河漂啊漂的。這時候有一隻小鳥飛來了，把葉子咬起來帶到岸上去（圖三），他用這片葉子來築巢變成小鳥住的家。（圖四） 幼兒可以相互合作並且運用自己的創意將一段故事以肢體變化的方式呈現，他們可以將自己的想像力與想法表達出來。

單元名稱	問題類型／內容	作品名稱	作品照片	作品說明／評述
四季——春神的腳步	TypeIV：能用繪圖的方式記錄自己創作的春天故事並用肢體展現出來。	春天的故事		B生自述故事內容：有個小女生，她的寵物死了！她覺得小河流的波浪好像眼睛，太陽公公的嘴巴很像她快樂的笑容。她種了一朵花在草地上，她提著動物的籠子哭了起來。她越來越傷心就將自己的頭髮拔下來丟到河裡去了。
				B生用自己的肢體動作表現出圖畫作品中的大太陽，像是小女孩開心的微笑。
				小女孩看著寵物的籠子傷心地哭了起來。她雙手搗著臉頰發出嗚—嗚—的哭泣聲。

單元 名稱	問題類型 ／內容	作品 名稱	作品照片	作品說明／評述
四季──春神的腳步	TypeⅣ：能用繪圖的方式記錄自己創作的春天故事並用肢體展現出來。	外星人和愛心樹		A生自述故事內容： 外星人入侵地球，過不久地球就會爆炸，有兩個人沒有離開地球就死亡了。後來外星人的星球就變成了寶石的樣子；地球變成許多的愛心樹。
				A生正在表現那兩個留下來保護地球的人的模樣，他說：「我在想著要如何保護地球。」 A生將「思考」的神情表現得相當傳神。他將想像力運用在時空的轉化，且將自己融入故事中並用動作呈現出來。

單元名稱	問題類型／內容	作品名稱	作品照片	作品說明／評述
四季──夏的氣息	Type II：能模仿夏天常出現的物品。	人坐在游泳圈裡		B生用雙腳圈成「圓形」的模樣，變成一個夏天使用的游泳圈；她並且將這個圈左右搖動來代表游泳時候泳圈的移動。
	Type III：透過想像雪花冰的感覺來表達自己的肢體。	紅豆雪花冰	紅豆　　　　被咬的紅豆 　咬碎的紅豆　　高聳的雪花冰 　融化的雪花冰	B生用肢體模仿了紅豆雪花冰吃下肚子後所發生的變化；她分成兩個部分來表演： 1. 紅豆的部分：被咬碎的紅豆變成扁扁的、皮破開了！她的肢體也隨著變成扁平散開。 2. 雪花冰的部分：吃到嘴巴裡融化就變成水了。她的肢體動作也從立體變成平面的方式來呈現。 　幼兒將她觀察到的部分分成兩個部分作細膩的分解與觀察，相當有創意。

單元 名稱	問題類型 ／內容	作品 名稱	作品照片	作品說明／評述
四季 ──夏的氣息	TypeⅣ： 能和同伴共同完成夏天的作品。	夏天吃雪花冰的女生		B生獨自完成一幅夏天的作品。陽台上有一個小娃娃掛在窗戶邊，有一個小女生在陽台上吃冰，她將冰端到小桌子上坐在椅子上吃冰。 B生口述：夏天有很多的動物會跑出來，因為天氣很熱，所以有些動物會中暑倒在草地上。

單元名稱	問題類型／內容	作品名稱	作品照片	作品說明／評述
四季——秋——會跳舞的葉子	Type II：觀察各種不同葉子後能將葉子的形狀運用肢體表現出來。	我是葉子		B生觀察過變形葉後將身體捲曲成葉子形狀，雙腳與雙手等小細節B生也都注意到了。她在觀察後經過幾次的嘗試才將這個身體姿勢固定下來。
				A生的身體動作在這個部分較沒有太大的創意，他將身體變成長長的形狀，以代表長形的葉子，伸出的雙手表示旁邊長出來的葉子。
	Type III：能連續表現四個不同的葉子形狀。	葉子想像		B生在這項活動中表現得十分積極，雖然在挑選葉子圖片時她花了許多時間挑選，但是在肢體創作部分卻能很快地完成，並且將肢體動作連貫地表現出來；同時她也將葉子的形狀特徵如：圓形、尖形等等表現出來。

單元名稱	問題類型／內容	作品名稱	作品照片	作品說明／評述
四季──秋──會跳舞的葉子	TypeⅢ：能連續表現四個不同的葉子形狀。	葉子想像		A生在葉子圖片的挑選上比較隨性，他隨意地挑出四張葉子，但卻能很快地運用肢體創意表現出來；同時葉子的生長樣態以及葉子的特徵他都觀察得很仔細。他運用手肘與手掌的曲折角度來表現葉子的樣態，別出心裁。
	TypeⅣ：身體能夠隨著抽象的報紙伸、展、扭、轉、曲、直。	報紙人		B生的身體柔軟度相當好，她能夠伸、展、扭、轉身體的各部位。並且對於方向、左右、空間的對應概念十分清楚，能夠依照報紙扭轉或曲折的方向來扭轉或曲折肢體。
				A生十分喜愛這個活動，身體的扭轉曲折都相當好，但是在於方向、左右、空間的對應上似乎還不太清楚；有時候正確有時候卻相反，因此還有練習的空間。
	TypeⅣ：運用彩帶或毛線來表現空間的變化。	彩色空間變換		A生、B生能夠合作運用彩帶交互變換空間。他們會運用自己的想法交換位置、並且彼此交換彩帶以變換出不同的空間效果。

單元名稱	問題類型／內容	作品名稱	作品照片	作品說明／評述
四季——秋——會跳舞的葉子	Type Ⅴ：用自己的方式表現「落下」的感覺。	落下的感覺		B生口述：這是葉落下的樣子、風也會有落下的感覺，下雨天雨滴也有落下的感覺。
				A生也和B生一樣用繪圖的方式來表現落下的感覺。不過A生很有想像力，他說：車子撞到東西後飛起來再落下就有「落下」的感覺；羽毛也是有落下的感覺，但是是飄飄的。A生的想像很有彼此衝撞的空間，一個是強而有力的，另一個則是輕無感覺的。兩個感覺彼此拉距，很有想法。這個部分可圈可點。

單元 名稱	問題類型 ／內容	作品 名稱	作品照片	作品說明／評述
四季──冬眠中	TypeⅢ： 移位動作 的表現。 （上、下 、高、低）	移動的 身體		B生運用雙腳踩在地板的毛線上，並將臀部抬起、放下來，表現整個身體的上下移動；是很獨特的表現方式。
				A生將身體水平降至最低並且蹲著用雙腳走在毛線之上。他選擇一個他最有把握的方式來呈現移動性動作，並且表現得很穩定。
	TypeⅣ： 可以發現 並運用肢 體的不同 功能。	擺動的 肢體		B生聽著音樂運用自己的手腕做前後左右的擺動（有點類似8字型的方式）。她顯然很得意地找到這個擺動的方式且很樂意和同伴一起分享。
				A生試著將自己的上手臂像擰毛巾一般的扭轉方式呈現。他的想法十分具有獨創性並且用自己手臂的能力將他表現出來。

單元名稱	問題類型／內容	作品名稱	作品照片	作品說明／評述
四季──冬眠中	Type V：空間的運用與肢體的移動性。	變化的身體		B生將身體當成連接兩條交叉線的橋樑一般的展現，並且結合空間的改變來變化身體的長短；很有自己的想法與創意。
		移動的身體		一樣在交叉線的空間變化中做肢體的移動，A生的獨創性是很強的；他將身體側著一邊並將另一側的手臂舉高來平衡身體，運用單邊的平衡來移動自己的身體。能用自己的思考與舊經驗來將身體取得平衡，同時又能表現自己的肢體創意。

單元名稱	問題類型／內容	作品名稱	作品照片	作品說明／評述
節慶——年，來了！	Type III：能以自己的方式在平衡木上維持平衡五秒鐘。	小船過河		B生很喜歡平衡木活動，從剛開始跟著老師做一樣的動作到以自己方式維持平衡都表現很好。她把腳放在平衡木上用手來幫助身體前進，整個身體的協調性非常良好，同時也獨具創意。
		小猴子過橋		A生用爬行的方式走過平衡木，並且將臀部抬高，只用手跟膝蓋的部分爬行，整個人的平衡與重心都很穩定地在下半部。他的肢體表現方式別具特色。
	Type III：能用自己的方式過平衡木。	大象過橋		B生剛開始要自己想過平衡木的方式時有點擔心自己會掉下來，但經過老師的鼓勵，她嘗試用這個像大象的姿態來過平衡木；她走得很穩且練習將自己的肢體平衡度提升。
	Type III：能用自己的方式過平衡木。	鱷魚過河		A生嘗試以降低重心的方式過平衡木後，他覺得：「低低的比較好走！」有了這個自己獨特的想法後，他將自己的重心完全貼在平衡木上，協調腹部與身體的肢體動作完成這個挑戰。

單元名稱	問題類型／內容	作品名稱	作品照片	作品說明／評述
節慶——年，來了！	Type Ⅴ：能自創表演節慶的舞蹈並表現出來。	年獸愛跳舞		B生扮演溫柔年獸，圖中是她扮演年獸走路的姿態。她在走路的過程中身體的延展及平衡、協調都相互結合。
		可怕的年獸	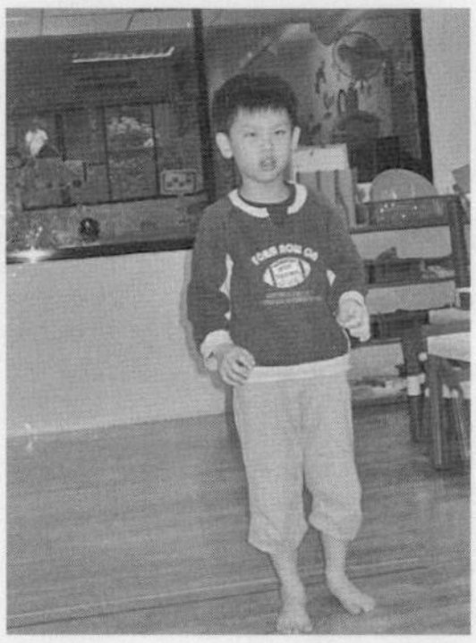	A生則是扮演一個截然不同的年獸，他的表情有點特別，他說：「因為年獸剛剛睡醒的樣子！」非常有自己的想法與作風。

單元名稱	問題類型／內容	作品名稱	作品照片	作品說明／評述
家庭──這是誰的家	Type Ⅱ：能將家具或傢飾品的形狀用肢體表現。	花瓶的造型		這是一個有腰身的花瓶造型肢體創作。A生幫忙設計房子內所需要的家具或傢飾品，有：電鈴、椅子、三角形的燈以及長方形的床等。還有各種造型的燈泡是很特別的，也看得出 A 生觀察細心。
	Type Ⅲ：能表現出房子的各種形態。	移動的房子		這是 A 生設計的可以移動的家與房子！是車子的形狀，他將四肢當成四個輪子，將身體拱起當成乘坐的空間；真的是名副其實的移動的房子。
	Type Ⅴ：可以獨立設計並完成「房子」。	獨一無二的房子		A生運用手邊可以取得的材料──桌子以及小塊巧巧拼，很細心地設計了一間小動物可以住的房子。他幫完成的房子加上門鈴，以便客人來時敲敲門。
				門口的門扇可以往右移動開啟，當成小動物家的大門。左圖是 A 生在嘗試壓門鈴並且開門的狀態。

開發智能・解決問題

單元名稱	問題類型／內容	作品名稱	作品照片	作品說明／評述
家庭——這是誰的家	Type V：可以獨立設計並完成「房子」。	獨一無二的房子		A生正爬進去試試看花園的寬度；桌子間的空間是他設計的花園，可以讓小動物休閒的地方。
				走道盡頭是小動物休息睡覺的地方，A生躺在裡面感受小動物休息的空間大小。A生設計動物的家很有實用性，將人的感覺放了進去，很有創意。

玖 ——————— 自我選擇 —

▶▶▶ 自我選擇題目一覽表（上） ◀◀◀

單元	角落名稱	題　　　目
形形色色	自然角	Type I 將腳印與動物作配對。 Type II 不用眼睛看，用手觸摸並感覺是身體哪一部位的骨頭。 Type III 找出並說出圖片上有哪些問題。 Type IV 用任何方式記錄你發現的現象或線索，並推想可能是哪一種動物留下的痕跡。 Type V 以自己的足跡做各種不同的創作。
	語文角	Type I 說出彩虹的顏色。 Type II 欣賞「彩虹」詩，並理解「彩虹」詩所要表達的意思。 Type III 舉出生活周遭各種事物，改寫「彩虹」詩。 Type IV 請你跟我畫。 Type V 設計一個運用各種顏色和形狀組合成的圖畫，說出指令讓老師、同學跟著畫。
	數學角	Type I 能說出各種幾何圖形之名稱。 Type II 能說出生活中各種幾何圖形的名稱。 Type III 能找出不同圖形間的差異及特色。 Type IV 能仿作各種幾何圖形造型。 Type V 能運用各種幾何圖形創作不同之造型。
	美術角	Type I 跟著老師畫出　瓶可樂罐。 Type II 畫出老師展示圖片中的四個瓶子。 Type III 用色紙剪下四種不同形狀的瓶子造型（老師提供）排列成新的圖案。 Type IV 請選擇一個空瓶子，幫它設計新的包裝。 Type V 假設你要賣一種新的飲料，請構想它的包裝與宣傳活動。
	音樂角	Type I 能聽、唱歌曲、歌詞。 Type II 能依據提示接唱歌詞。 Type III 能依據提示做出歌曲律動。 Type IV 能依據提示走出樂曲速度。 Type V 能依據生活經驗改編歌詞。

單元	角落名稱	題　　目
你我他	身體動覺	Type I　請學兔寶寶雙腳跳二圈以及學紅鶴原地單腳站立。 Type II　請利用雙腳做出兩種或兩種以上不同的形狀。 Type III　請利用身體的其他部位作出各種不同的形狀。 Type IV　請運用身體和周圍現有的材料（有形的）結合，創作出不同的形狀。 Type V　請運用身體和各種形式（包含有形和無形，例：孩子口述、想像的部分）結合創作一連串不同的形狀。
	自然角	Type I　能說出水循環的過程。 Type II　能推論植被、土質、生態等對水土保持的影響。 Type III　能說出在家中節約水資源的方法。 Type IV　能自行設計具水土保持功能的山坡地模型。 Type V　能自行設計水庫。
	語文角	Type I　故事中的巫婆最後畢業了嗎？ Type II　巫婆不能畢業的原因是什麼？ Type III　我給巫婆的建議是：＿＿＿＿＿＿＿＿ Type IV　故事中的巫婆要把春天變成冬天，她所唸的咒語是：＿＿＿＿＿＿ ＿＿＿＿＿＿＿＿＿＿＿＿＿ 你想，如果換成要把夏天變成冬天，她會唸什麼樣的咒語？ Type V　替故事中的巫婆設計一支唸咒語時用來揮動的魔杖。 ＿＿＿＿＿＿＿＿＿＿＿＿＿
	數學角	Type I　加減法的運算。 Type II　找出老師所說的錢數。 Type III　將錢做不同的組合。 Type IV　猜數字活動。 Type V　能與老師進行買東西的活動。
	美術角	Type I　指出老師所提供的圖形，哪些是對稱的。 Type II　找出對稱的圖片。 Type III　運用色紙剪出五種對稱的形狀。 Type IV　利用老師所提供的「一半」的圖形，延伸畫出對稱的畫面。 Type V　設計一幅上下左右對稱的對稱世界。
	身體動覺	Type I　模仿老師打招呼的動作。 Type II　做出肢體關節彎曲的動作。 Type III　將肢體動作賦予口語意涵。 Type IV　能用肢體動作表達打招呼的意思。 Type V　能用肢體動作和別人互動。

單元	角落名稱	題　　目
成　　長	音樂角	Type I　能找出熟悉歌曲的樂句個數。 Type II　能找出新曲的樂句個數。 Type III　能以轉身表現對樂句的聽辨。 Type IV　能以自創律動表現對樂句的聽辨。 Type V　能以自創線條畫出樂句。
	自然角	Type I　能指出體內各器官的位置。 Type II　能說出自己五官或外觀的特色。 Type III　能指出自己與他人、小孩與大人身體上的差異。 　　　　能指出小孩成長後（與大人／老人）身體上的差異。 Type IV　能用表演或圖畫等方式表現老人的特色。 Type V　身體的各器官都有各自的功能，例如：利用胃來消化食物、膀胱儲存尿液，你認為住在月亮上的生物（或其他星球上的生物），需不需要跟我們一樣的內臟器官？或者他們還需要哪些器官？為什麼？（請你把他們的器官畫出來或用黏土等任何方式表達出來）
	語文角	Type I　故事中，馬克哥哥告訴小老鼠歐利，要怎樣才能長大？ Type II　歐利到底長大了沒有？從哪裡可以看得出來？ Type III　除了從身高、體重看出來以外，你還可以從哪些行為表現看出來你已經長大了？ Type IV　我會看圖說故事。 Type V　設計一段話，向爸爸媽媽證明你已經長大了，這段話裡面要包括各種你已經長大的證據。
	數學角	Type I　學生能跟隨老師的示範將長型的棍子插入圓形的小球中。 Type II　利用小棍子與小球組合成一個三角形。 Type III　利用小棍子與小球組合成一個立體的圖形。 Type IV　利用小棍子與小球組作出三種不同的動物造型。 Type V　競賽活動：讓學生利用同樣數量的小棍子與小球做出最高造型。
	美術角	Type I　能跟著老師畫出圖片中的奇特動物（人馬）。 Type II　利用老師提供的圖片（魚、鳥），畫成新的奇特動物。（魚身鳥翅） Type III　「神奇寶貝」裡的動物們會不斷成長進化，圖片中的這個奇特生物（長耳、人面、獅身、猴尾……）可能是由哪些動物變成的？（請畫出來） Type IV　從老師準備的動物卡片中抽出二張，想像將這二種動物合成進化成另一種動物。 Type V　請創造一個新的神奇寶貝（要有三種動物合成），以平面或立體的方式表現它的故事。

單元	角落名稱	題　　目
成長	身體動覺	Type I　模仿老師穿越呼拉圈。 Type II　表現不同的穿越呼拉圈動作。 Type III　能自己組合呼拉圈的造型以及穿越方法。 Type IV　能用其他道具組合穿越的洞。 Type V　自創身體移動路徑。
	音樂角	Type I　能模仿教師表現身體節奏。 Type II　能組合身體節奏的音色。 Type III　能以四拍身體節奏伴唱歌曲。 Type IV　能變化身體節奏伴唱歌曲。 Type V　能自行創作身體節奏伴唱喜愛或熟悉的曲調。

▶▶▶ 自我選擇題目一覽表（下） ◀◀◀

單元	角落名稱	題 目
四 季	自然角	Type I　能使用溫度計正確測量物體的溫度。 Type II　能記錄各種物體的溫度並比較異同。 Type III　能設計並進行一個溫度比較的實驗。 Type IV　能利用各種媒材自製風向器。 Type V　能繪製設計一個小型氣象站。
	語文角	Type I　能知道一年中有春夏秋冬四季。 Type II　能分辨圖片中的景物所代表的季節。 Type III　能根據圖片中的景物，分別給一個形容詞。例如：鮮豔美麗的春天。 Type IV　能給予春夏秋冬四季各一個貼切的比喻，想得愈多愈好。 Type V　能設計一個在春夏秋冬等任何一個季節可以玩的遊戲，並且說明為什麼在這個季節中可以玩這種遊戲，想得愈多愈好。
	數學角	Type I　學生能算出不同賓果方格的格數。（例：5×5，6×6，7×7……視學生程度不同而定） Type II　學生能正確的在方格中填入數字，並避免重複。（例：1～25，1～36……） Type III　學生能正確地進行賓果遊戲，快速地連線。 Type IV　學生正確進行改變後賓果的遊戲方式，並尋求更快的獲勝方式。（例：2 的倍數，有 3 的數……） Type V　學生能設計自己的賓果遊戲。（例：改變賓果的方格數、連線方式、賓果數字的形式）
	美術角	Type I　能跟著老師畫出圖片中的花。 Type II　能畫出圖片中的太陽。 Type III　能利用圓形設計出三種不同造型的花。 Type IV　能利用你喜歡的任何媒材，設計一座漂亮的花園。 Type V　能利用你喜歡的任何媒材，表現四季。
	身體動覺	Type I　看圖，依圖表現出對四季的感受。 Type II　用一個肢體動作表現出四季的其中一個季節。 Type III　用肢體動作分別設計出四季的感覺。 Type IV　將四季的感覺用串連的肢體動作表現出來 Type V　演出一個與四季相關的肢體故事。

單元	角落名稱	題　　目
節 慶	自然角	Type I 能依教師示範製作二十四節氣圖。 Type II 能依教師示範以量角器將圓分成二十四等分。 Type III 能以教師提供之竿影觀察器記錄日影變化情形。 Type IV 能觀察校園內的花卉構造並畫下來。 Type V 能用各種方法觀察當季的蔬果。
	語文角	Type I 能朗讀五言古詩「遊子吟」。 Type II 能依照提示卡，將零散的國字連起。 Type III 能利用老師提供的國字卡，拼貼製作出母親節卡片。 Type IV 能錄一段給媽媽的話。 Type V 能創作一首有關媽媽的詩。
	數學角	Type I 能進行硬幣／紙鈔的指認。 Type II 能運用兩種以上的方式將紙鈔及硬幣組合為正確的金額。 Type III 在有限的預算下運用賣場傳單進行有限種類的購物規劃。 Type IV 能利用速食店菜單為家人點餐、設計最經濟實惠的餐點。 Type V 為同學舉辦生日派對設計菜單、購買食物，並算出金額。
	身體動覺	Type I 使用一個肢體動作呈現一個指定節慶的特色。 Type II 能使用肢體動作表現不同節慶。 Type III 能將一個節慶特色完整串連地表現出來。 Type IV 能設計一個節慶的肢體遊戲。 Type V 自己（或與同伴）設計一個特別的節慶，運用肢體動作呈現。
	美術角	Type I 能說出不同的幾何圖形名稱。 Type II 能說生活週遭常見的由幾何圖形構成的物品。 Type III 能運用（0～9）數字的外型，創作出不同的物品。 Type IV 能利用選定的三個數字，設計一個有主題意義的圖畫。 Type V 能運用不同的數字外型組合成一張慶祝母親節的卡片。

單元	角落名稱	題　　目
家庭	自然角	Type I 能利用科學的方法分辨鹽水及糖水。 Type II 能仿造老師的方法製作分層水溶液。 Type III 能利用不同溶液的比重製作三層以上的水溶液。 Type IV 能利用廚房中調味料的比重進行分層水溶液的製作。 Type V 能自製分層水溶液。
	語文角	Type I 能為以家庭為主題的童詩貼上相同的語詞。 Type II 能依照提示的線索說出答案。（謎語猜猜看——謎底為家庭用品） Type III 能利用作業單上的語詞，設法以接龍方式連續排出三個以上的語詞。 Type IV 能利用抽取出來的人物、地點、事件線索，創造出一段話。 Type V 能自訂標題，創作一首與家庭有關的童詩。
	數學角	Type I 用皮尺量出教室的長與寬。 Type II 算出教室長、寬的 1/10 或 1/100。 Type III 畫出教室的平面圖。 Type IV 重新規劃教室，並畫出其平面圖。 Type V 想像一間夢想中的教室，並畫出其平面圖。
	美術角	Type I 跟著老師完成藍色家族的帽子。 Type II 完成綠色、紫色家族的帽子。 Type III 選一個色彩家族，幫媽媽設計一件漂亮的衣服。 Type IV 要開 Party 了，請幫自己設計一個面具。 Type V 全家人要去參加化妝舞會，請你幫忙設計全家人的造型和道具。
	身體動覺	Type I 模仿老師做出一至五個支點的動作造型。 Type II 能做出不同支點的動作造型。 Type III 利用身體做出四個支點的椅子。 Type IV 利用身體做出數個支點的家中器具。 Type V 利用身體創作各種家中器具的造型。

Note

Note

Note

國家圖書館出版品預行編目資料

聰明的孩子‧資優的教學：「開發智能‧解決問題」教學設計／
郭靜姿主編. --初版. -- 臺北市；心理, 2009.04
　　　面；　公分.--（資優教育；30）
ISBN 978-986-191-261-5（平裝）

1. 幼兒教育　2. 資優兒童教育

523.2　　　　　　　　　　　　　　　　　　98005299

資優教育 30　　**聰明的孩子‧資優的教學：**
　　　　　　　　　「開發智能‧解決問題」教學設計

主　編　者：郭靜姿
執行編輯：陳文玲
總　編　輯：林敬堯
發　行　人：洪有義
出　版　者：心理出版社股份有限公司
社　　　址：台北市和平東路一段 180 號 7 樓
總　　　機：(02) 23671490　　傳　　　真：(02) 23671457
郵　　　撥：19293172　心理出版社股份有限公司
電子信箱：psychoco@ms15.hinet.net
網　　　址：www.psy.com.tw
駐美代表：Lisa Wu　　tel: 973 546-5845　　fax: 973 546-7651
登　記　證：局版北市業字第 1372 號
電腦排版：辰皓國際出版製作有限公司
印　刷　者：辰皓國際出版製作有限公司
初版一刷：2009 年 4 月

定價：新台幣 480 元　　■有著作權‧侵害必究■
ISBN　978-986-191-261-5

讀者意見回函卡

No. _____　　　　　　　　　　　填寫日期：　年　月　日

感謝您購買本公司出版品。為提升我們的服務品質，請惠填以下資料寄回本社【或傳真(02)2367-1457】提供我們出書、修訂及辦活動之參考。您將不定期收到本公司最新出版及活動訊息。謝謝您！

姓名：_____　　性別：1□男　2□女

職業：1□教師 2□學生 3□上班族 4□家庭主婦 5□自由業 6□其他____

學歷：1□博士 2□碩士 3□大學 4□專科 5□高中 6□國中 7□國中以下

服務單位：_____　部門：_____　職稱：_____

服務地址：_____　電話：_____　傳真：_____

住家地址：_____　電話：_____　傳真：_____

電子郵件地址：_____

書名：_____

一、您認為本書的優點：（可複選）

　　❶□內容 ❷□文筆 ❸□校對 ❹□編排 ❺□封面 ❻□其他____

二、您認為本書需再加強的地方：（可複選）

　　❶□內容 ❷□文筆 ❸□校對 ❹□編排 ❺□封面 ❻□其他____

三、您購買本書的消息來源：（請單選）

　　❶□本公司 ❷□逛書局⇨_____書局 ❸□老師或親友介紹

　　❹□書展⇨____書展 ❺□心理心雜誌 ❻□書評 ❼其他_____

四、您希望我們舉辦何種活動：（可複選）

　　❶□作者演講 ❷□研習會 ❸□研討會 ❹□書展 ❺□其他_____

五、您購買本書的原因：（可複選）

　　❶□對主題感興趣 ❷□上課教材⇨課程名稱_____

　　❸□舉辦活動　❹□其他_____　　　（請翻頁繼續）

| 廣　告　回　信 |
| 台北郵局登記證 |
| 台北廣字第 940 號 |

（免貼郵票）

 心理出版社 股份有限公司

台北市 106 和平東路一段 180 號 7 樓

TEL: (02) 2367-1490
FAX: (02) 2367-1457
EMAIL:psychoco@ms15.hinet.net

沿線對折訂好後寄回

六、您希望我們多出版何種類型的書籍

　❶□心理　❷□輔導　❸□教育　❹□社工　❺□測驗　❻□其他

七、如果您是老師，是否有撰寫教科書的計劃：□有□無

　書名／課程：_____

八、您教授／修習的課程：

上學期：_____

下學期：_____

進修班：_____

暑　假：_____

寒　假：_____

學分班：_____

九、您的其他意見

_____

謝謝您的指教！　　　　　　　　　　62030